JN158314

子どもが勉強好きになる！

「見えにくい学力」から伸ばす小学生育て

宮崎　冴子　著

まえがき

「どうしたら、勉強好きな子どもに育つの？」
「成績をよくするには、どうしたらいいの？」
「受験させたいが、何年生から塾に行けばいいの？」

三人の息子たちが小学生の頃、学校の廊下や近所の道ばたで、私は後輩のママ友から何度も質問を受けました。

このような経験から、私たち大人は成績ばかりに気をとられて、見えにくいけれど大切な学力を見落としているのではないか、親子の関わり方にどのような工夫をすればいいのか――などと考えてきました。

本書は、失敗しない中学受験の考え方を含めて、学力の伸ばし方、学校生活での問題解決の方法など、将来の〝自立〟につながる小学生育てのコツやアイデアを、お母さんやお父さんにお伝えしたいと願って書いたものです。

小学校六年間は長いと思っても、あっという間に過ぎていきます。

かわいい、かわいいと抱きしめたり、ほおずりしたりできるのも今のうちです。子育てを存分に楽しみながら、「学力」を身につけて「自立」するために協力してあげてください。

机の前に座っているだけが勉強ではありませんよね。親子でピクニックに行ったり、自由研究をしたり、ボランティアをしたりと、さまざまな体験を通じて〝刺激のシャワー〟を浴びると好奇心が旺盛となり、集中力もつき、学力がグングン伸びます。すると、子どもはもっと知りたいという欲求に引っ張られて勉強が好きになり、自ら勉強するようになります。

どうぞ、本書に盛り込んだアイデアを、お子さんの状況に合わせて臨機応変にアレンジして生かして下さるとうれしく思います。

そして、大切なのは、思いついたいいことは、今すぐ始めること。

「思いたったが吉日！」です。

平成30年1月　宮崎冴子

目次

第1章　「生きる力」のツボ

第2章　学力をグングン伸ばす

第3章　もし、受験するなら

第4章 学校生活をしっかりサポート

第５章　自立に向けて

第1章「生きる力」のツボ

ありのままのあなたで

子どもは、身近にいる親の言葉や態度、行動などをまねしながら、しだいに自分の価値観や道徳観を形成していきます。そのため、子どもに対していつも共感を示してあたたかい気持ちで接していると、子どもにも「他人への思いやりの心」が育つ一方で、「親から虐待を受けて育った人はわが子への愛し方がわからず、やはり虐待に走ってしまい、虐待の連鎖が続いていく」と、乳児院の理事長からお聞きしました。

家庭内で互いを大切にし、尊重し合うことが、思いやりの心を育てる第一歩です。子どもの話に心をこめて耳を傾け、「よくやったね」「がんばったね」「ありがとう」と、普段の明るくやさしい声かけを忘れないようにしたいですね。

このような親の対応によって子どもは自分が大切な存在だと考え、他人も大切にするようになるといいます。愛情を受けて育った子は他人を愛することができるのです。

そうです、思い出してみてください。

生まれたばかりの赤ちゃんを抱いたとき、すやすやと眠っている顔を見たとき、健やかに育ってほしいと、それだけを願ったのではないでしょうか。

「生まれてきてくれて、ありがとう」と感謝したのではないでしょうか。でも今、小学生になったわが子に対して、アレもコレもソレもと、たくさんの要求を突きつけてハードルを上げていませんか？

私が８つの大学で担当した「キャリアデザイン」の授業では、写真家レナルト・ニルソンの『赤ちゃんの誕生』（あすなろ書房）を教材に使っていました。

その写真集には、卵子と精子の受精後の細胞分裂で３週目の終わりには心臓や血管、筋肉が発生し、５週目には心臓が血液を送り始め、目や耳、手足ができて指紋もはっきりして、指しゃぶりもするなど、誕生までの胎児の様子が鮮やかに描かれています。

はじめは「何それ？」といぶかしそうにしている男子学生も、いつしか食い入るように真剣に誕生の神秘を見つめ、「自分もこうして生まれてきたのだ」と再確認します。「子どもを産むのは女性、でも出産・子育ての責任は男女双方にある」と講釈をたれると、思わず、こっくりうなずく学生たちです。

「おぎゃあ！　おぎゃあ‼」と、泣く産声は生まれた瞬間に肺に空気が入る音です。その瞬間にしっかりと抱いてあげる（カンガルーケア）と、赤ちゃんは理屈でわからなくても、お母さんの身体のあたたかさに快い一体感を覚え（アタッチメントの形成）、守られているという安心感を持つようになり、親子の絆が育まれます。

このことが絶対的な信頼と人格形成の基になり、子どもはお母さんやお父さんに喜んでもらいたくて、愛してもらいたくて、その子なりに一生懸命努力します。ですから、小学生になっても、**家族のあたたかい声かけや笑顔が子どもの成長の糧**となるのです。

一方で、大人の愛情を十分に受けられなかった子どもは、情緒や知能面に遅れがでてきます。とくに、言語的発達の遅れは、子どもに大きな悪影響を及ぼします。

もし、親子関係がうまくいっていないと感じたら、すぐに愛情を注ぐ努力をしましょう。遅すぎるということはありません。今、親が変われば、必ず子どもも変わります。

その折に、家事をテキパキこなし、子どもにはいつもやさしく、仕事も趣味もバリバリ……。こんなスーパー母さんになりたいと思う人は多いようです。でも、現実にはそんな完璧なお母さんはいませんし、なる必要もありません。完璧なお母さんには、「何でも、やってくれるし、任せておけばいいや」と、子どもが依存するようになってしまうからです。

私は家事に疲れると、ソファにぐったりと横になって休みます。これが楽ちんなのです。すると子どもたちは、「お母さん、だいじょうぶ？ だいじょうぶ？」と、本当に心配そうに声をかけてきます。

「う〜ん、ちょっとしんどいの。う〜ん、う〜ん」

「いいよ、いいよ。ぼくたちがやるから、お母さんは寝ていて」

息子たちは何やら相談しながら、残りの作業を始めます。終わりを見計らって、

「おーっ、本当に助かったわ。ありがとう！」と言うと、子どもたちの顔がほころびます。ですから、安心してドジなところ弱いところも、ありのままに見せましょう。

「しまった！ 今日パンを買うの、忘れちゃった」と困った顔をしてみせると、「しょうがないなあ、ぼくが買ってきてあげるよ」と喜んで行ってくれます。

子どもの方が詳しいことがあったら、「母さんにはよくわからないから、教えて」

と頼んでみましょう。

子どもが能力を発揮したり、活躍できたりする場をつくっていくと考えればいいのです。ぼくが助けてあげなくちゃあと思うと、子どもの自発性がどんどん伸びていきますし、積極的に意見も言ってくれるようになります。

「お母さんダメじゃん。ぼくがやってあげるよ」と言わせるぐらいでちょうどいいのです。そして、同じように子どももありのままに受け入れてあげて、完璧を求めないようにしましょう。

子育ては日々の営みです。自然体でいきましょう！　ありのままのあなたでＯＫです。素直になって向き合いましょう。

ハグをしよう

働いているお母さんの最大の悩みは、子どもと触れ合う時間が十分にとれないことでしょう。帰宅するとあわただしく夕食の準備にとりかからなければなりませんもの。

子どもが学校や友だちの話をしたくてうずうずしているのに、「いま、忙しいの」とイライラ返事で、相手をしてあげるゆとりがないかもしれません。

言葉には出しませんが、子どもだって学校や学童クラブで気を遣い、疲れて帰ってきています。お母さんやお父さんに癒やされたいし、話も聞いてほしいのに、つっけんどんにされたのでは立つ瀬がありません。

このように時間の余裕のない親子さんに、効果絶大のヒーリング法をお伝えしましょう。それは、「**10秒ハグ**」です。

小学生になってもスキンシップがおすすめです。帰宅したら何はさておき、ぎゅっと抱きしめて、顔を見ておしゃべりしましょう。高学年なら肩タッチでもいいですね。お母さんやお父さんもほっとしますし、子どものモヤモヤも疲れも吹き飛びます。

ハグには、オキシトシンやセロトニンなどの「幸せホルモン」の分泌を盛んにする作用があるといわれています。

少しの時間でもいいですから、しっかり向き合うことが大切です。そして、親も働いていて忙しいから仕方がないと考えるのではなく、逆に子どもに寂しい思いをさせているのではないかと罪悪感をもつ必要もありません。

大切なことは、子どもと一緒にいる時間の長さではなく、触れ合う中身の濃さです。

思い返せば、わが家のスキンシップは「相撲」と「散髪」でした。

子どもたちは小さい頃から、父親と相撲をとるのを楽しみにしていました。私?

私は、はやし立て係りです。「それ、それ、それっ!」という調子で。しかし、ある時、父親の方がひるんでしまいました。それを境に、息子たちはパタッと父親と相撲をとらなくなりました。子どもが親の体力を超えた瞬間です。

散髪では、床屋の待ち時間は長いが、ちょこちょこっと切って「はい終わり」ってな調子です。そこで、私もプロの仕事をしっかりと観察した結果、左手で櫛を下から上にひょいひょいとかき上げながら、右手でシャキシャキと切れるようになりました。

散髪しながら子どもとの会話も弾み、成長の具合も観察できました。散髪代は子ども1人1000円、夫は1500円也を貯金箱に入れて、貯まれば家族で食事に繰り出します。

どうぞ、それぞれ個性ある家族のコミュニケーション方法を考え出しましょう!

自信をもって働こう

私が小学生の頃、母はワンピースやスカート、リュックサックなどを作ってくれました。私のためにミシンを踏んでいる母の姿を横からちらちら見ながら、心がほんのりあたたかくなったものです。

なので、私も結婚後は必死で刺繍入り布袋を幼稚園の息子のために作りました。小学生になった時も、あれこれと作りました。息子にとっても、奮闘している親の姿をみるのは嬉しいことなのですね。まんざらでもない顔をしていました。

かといって、共働きなどで時間の余裕がない人は、無理をする必要はありません。たとえば、買った品物に少し加工して補いましょう。子どもは、親の忙しさもちゃんと見ていますから、お母さんは後ろめたく思う必要はありません。

私の場合は新卒で公立高校教員になり、４年間後の結婚時に夫から「転勤が多いから、この際退職を」と言われました。私は、ようやく慣れた仕事だから継続したいと思いましたが、承諾しました。その代わり、条件を出しました。

「子育てが終わったら、働いてもいいかしら？」

夫は、まさか本当に復帰するとは予想していなかったようで、あっさりとふたつ返事で「いいよ」と答えました。文字通り、結婚後の住まいは東京、札幌、岐阜、ブラジルへと転居し、現在は10カ所目です。

ついに三男が小学三年生になった時、ええっ？　と驚く夫を尻目に、まずは10時から午後2時まで働く契約社員として仕事を再開しました。15年間のブランクがありましたが、家から5分ほどの出版社に運よく採用されたのです。

その後、ブラジルに家族赴任し、帰国後は区教育委員会（任期付）に勤務しました。任期切換え時に、「私が経験してきたことが役立つ仕事は何か、何をすれば私らしいのか」と、過去をふり返り、現在を分析し、未来に向けて「人生の棚卸し」をしました。

その時、私が大学生だった頃にやり残したことを思い出しました。

「そうだ！　大学院に行こう！」

早速、10くらいの大学に電話して「心理学」と「生涯学習」を学べる大学院を探し当て受験し、23歳の学部卒業生と一緒に大学院に通いました。48歳の時です。

大学院修了後は大学教員となり、８つの大学でキャリア教育・生涯教育（家庭教育・学校教育・社会教育）、キャリアカウンセリング等の授業科目を担当してきました。グッドタイミングな決心だったと、今でも思っています。

そして現在、仕事とボランティアを並行しながら、〝複々線〟の人生を楽しんでいます。

結論を言えば、**知的好奇心にあふれた子どもに育てたいのなら、まずお母さんやお父さんが日々ワクワク過ごすことが大切**だと思います。

子どもの興味・関心と違ってもかまいません。自分のやりたいこと、自分が知りたいことを常に追い求めてチャレンジし、輝いているお母さんやお父さんの姿に子どもは触発されるのです。おうちの人のワクワクが、きっと子どもに伝わるでしょう。

近年、子育て中も働き続けるお母さんが増えています。また、私のように一度退職して職場復帰する人もいて、それぞれが大切な人生の選択です。

子どもは親の背中を見て仕事を持つ意味やその大切さを理解し、見本（ロールモデル）にしていきます。自信を持って働きましょう。

いつも生き生きと仕事をしているおうちの人は、子どもの誇りなのです。無理をしないで、疲れた時や困った時は素直に子どもに手伝ってもらって切り抜けて下さい。

話は変わりますが、私は大学のキャリア教育の授業で、３人の職業人に取材してレポートをまとめ、1分間スピーチをするという課題を大学1年生に課しています。

まず親に取材し、他に親戚、恩師、アルバイト先の上司、大学の先生方などに、「当時の就職活動は?」「今の課題は?」「どんな将来像を持っているのか?」「学生に送るエールは?」などについて聞いてレポートします。そのうちの一人を選んで発表します。はじめは「えーっ! 3人も書くの? スピーチも? えーっ」と面倒がっていた学生が、課題を終える頃には、一様に一皮むけたように変わります。

親は子どもの宿題をきっかけに人生の棚卸しをして、子どもと真剣に向き合います。学生たちの多くは、このとき初めて、親の苦労を知ることになります。保護されて当たり前と思っていた学生が家族の中での立ち位置を見直し、親の役に立ちたいという想いに変わります。

「親の苦労や想いに気がつかなかった」「苦しい中で授業料を払ってくれている。もっとしっかり勉強しなければ」と、多くの学生が決意を新たにします。

そして、「母は看護師」「うちは自営業」「父は農業です」と、照れずに堂々と親の職業を披露し、「親を尊敬します」とはっきりと胸を張って話すようになります。

自分の親に誇りを持つことは非常に大切なことです。入学したばかりの一年生の前期に、受講生全員がこの課題をこなします。こうして将来の自分の生き方や職業選択への意識を高めていくのです。

こうして、親の苦闘やがんばりを率直に子どもに見せることは、プラスのローモデルとなり、子どもの自立にもつながるのです。

どうぞ、自信を持って、奮闘する姿をありのままに見せましょう！

自分の身は自分で守る

子どもは小学校に入学すると同時に、勉強と遊びの時間の区別が必要になります。また、自力で登下校して、時間管理をしていかないと学校生活に支障をきたします。

スムーズに学校生活になじめるように、先生方はどれだけ忙しくても入学式のあとに、できるだけすぐに「授業中のルール」を子どもたちに、きちんと説明してあげてほしいと思います。

おうちでは、夜9時頃には就寝し、朝も6〜7時頃には起床して朝食をすませるなど、〝早寝早起き朝ご飯〟を実施して、規則正しい生活のリズムを作ることが大切です。

そして、子どもが自分で判断して、一人で行動すべき範囲が拡がりますので、子どもなりの危機管理能力を養う必要があります。瞬時に判断したことで生死を分けることがあるからです。

たとえば、交通事故や誘拐事件等に巻き込まれないための安全教育、防災・減災教育はもちろん、社会の基本ルールを身につけることも課題です。自転車や遊具など身近でヒヤリとしたり、ハッとしたことに気をつけて対策をする「ヒヤリ・ハット」の考え方も取り入れたいですね。

「**自分で自分の身を守る**」ために、心がけた例をお話しします。わが家はおにぎり持参で山手線沿線を駅から駅へと歩くピクニックによく出かけましたが、その折には、大人が子どもの荷物を全部持ってしまわず、年齢に応じたそれなりの重さの荷物を子どもたち全員に担当させました。万が一、途中で地震や事件に巻き込まれた時や離ればなれになった時も、危険を回避できるような「生き抜く力」を育むために必要だと考えたからです。

そして、おしゃべりしながらの親子ピクニックでは、車や電車に乗っていては目に入らなかったものが見えますし、いろいろな草花や鳥や虫にも出会えて、子どもにとっても意味深いことだったと、親子で取り組んだ中学受験のときに再確認しました。

それから、「自分の身を自分で守る」ことでは、「水から身を守る力」が必要と考え、息子たちを水泳教室に通わせました。

それには悲しい原体験がありました。私が大学に入学した頃、実家近くの小学六年生の女児が大河で溺れたと大人たちが大騒動して捜索していました。そこは、私もその年頃にはよく飛び込んで楽しんでいた場所だったので、後輩の水難事故に本当にショックを受けました。それ以来、子どもを産んだら、絶対泳げる子どもにしたいと思うようになりました。

そのことに関連して、近年は「着衣泳」が普及し始めているそうです。この泳法は自分の命を守り、生き抜くための自己保全が目的です。着衣のままで溺れる例が水難事故の7～8割を占めているとのことで、着衣のままでも浮きながら呼吸を確保し、救助がくるまで生命を維持するための訓練法です。全国に普及してほしいと願っています。

子どもたちが「自分の身は自分で守る力」を手に入れるために、気がついたことから実践していきましょう。

時間の感覚

「さっさと片づけて！」と、つい言いたくなる時がありますよね。その気持ちは、よ～くわかります。でも、遊びに熱中していた子どもがなかなか動かないと、「片づけなさいって言っているでしょ！」と、さらに怒鳴るハメになります。

でも、考えてみてください。子どもなりに遊びに集中して充実していたかもしれないですし、次はあれして、これしてと、計画を立てていたかもしれません。それを大人のペースで動かそうとしていませんか？

肩をいからせて怒鳴る前に、楽しく遊んだことや思いついたことなど、子どもの気持ちを聞いてみて、ねぎらいの言葉をタイミングよくかけてあげてください。

「何か見つけたかな?」「今日もいっぱい遊んだかな？　よかったね。じゃあ片づけようか」と、まずは子どもの心に寄り添うことばをかけて気持ちに同調し、気持ちを代弁してあげると素直に片づけ始めるはずです。

できれば、終わりの時間を具体的に約束しておくと、子どもながらに時間管理にも慣れて、本人が判断して「すぐに取りかからなくちゃ」とか、「先にこっちからやろう」「片付けを始めよう」などと、計画を立てられるようになります。

ちょっと意識を変えるだけで、大人も子どももハッピーになれます。子どもには子どもの意思やペースがあるのに、ことあるごとにせかされて過ごしている子どもは思考を停止して指示待ち人間になってしまいます。つまり、**先の見通しをつけられるような言い方をすることがコツ**だと思います。

教室では、先生方が**「早く」ではなく、「何時までに」**ということを励行されていると思います。授業の終了時間を逆算しながら、時間の感覚を醸成されていると思います。

ただただ、「早く！　早く」では漠然としているし、ただ追い立てられているだけで、いつまでにそれをしたらいいのか、なぜ早くしなくてはいけないのか、わけがわかりません。

イライラしたら、深呼吸を3回してから声をかけましょう。同じ状況を見ても「楽しく遊べたのだな」とやさしい気持ちになれるから不思議です。

毎日子どもに振り回されてイライラしている人は、「落ちついて、落ちついて」「まあ、まあ」と、自分に向かって唱えましょう。それだけで子どもへの接し方が違ってきます。さあ、肩の力を抜いて、思いっきり子育てを楽しみましょう。

一日一日が、二度と戻ってこないかけがえのない日々なのですから。

親の思うようにいかないのが子育て、いつかは卒業できるのが子育てです。

失敗や挫折も貴重な経験

「忘れ物はない？　筆箱は？　上履きは？」と、子どもが登校するときに矢継ぎ早に声をかけ、何か探しているようだと「何？　ハンカチ？　ティッシュ？」と先回りし、絵を描いていると「この色を塗ったら」とか、こうしたら、あーしたらとアドバイスする大人たち……。

大人の目線で判断して、何でも先回りするのは困りものです。おうちの人がいつも手出し口出しをしていると、子どもは自分で考えたり行動したりしなくなってしまいます。本人が努力しなくても、おうちの人が考えてくれるからです。

子どもは本来、自分のことは自分でやりたいという欲求を持っています。

思い返せば、入学以前にも何でも自分でやりたがり、お母さんが手伝おうとすると

「イヤイヤ」とはねつける時期があったはずです。このような時は、子どもの発達段階（経験値）に合わせて見守るようにすると、徐々に上達しますし、「自分でできた」という達成感を味わえます。

最初は下手でも失敗しても、この「**自分でできた！**」**という喜びこそが新しいことにチャレンジする原動力**になるのです。

逆に、時間がかかるからと、いつも大人が手を出したり、「あなたにはまだ無理よ」と否定的なことを言ったりしていると、子どもの自立心はなえてしまいます。

子どもは失敗しながら一つ一つ学んでいきます。失敗するからこそ、そこではじめて立ち止まり、「どうしてなの？　困ったなあ」「どうすればいいのかな」などと、発想転換して試行錯誤を重ね、プラスに転ずるように工夫して行動するでしょう。

親が常に先回りして困難を取り除いていると、子どもが失敗や挫折する機会がないので、「生きる力」を獲得していくチャンスや練習の場がありません。

失敗や挫折も貴重な経験です。

そして、子どもが持っている自己教育力で、困難を切り開く術や乗り越えるたくましさを身につけていきます。親がいつまでも助けるわけにはいかないのです。

「自分のことは自分でさせましょう」

そして、失敗やピンチを、チャンスにすることにより、その経験が自立心をはぐくみ、「生きる力」を手に入れる第一歩になります。

それには、愛情をもってあたたかく寄り添ってあげて下さい。

多くの人とふれあう――対人スキル、社会性を育む

一年生の頃の遊びは、一人遊びや二人遊び、単純な集団遊びなどさまざまです。集中して遊んでいても次々に遊びを変えていき、興味があちこち移りやすい傾向があります。また、上級生や同級生が遊んでいるのをジッとながめていて、あとでまねをして自分の遊びに取り入れたりします。

ときにはけんかにもなり、口論で解決しないと手を出し始めます。見ていて危険がないかぎりは、親は出ないで子ども同士で解決させましょう、けんかしながら、子どもは対人スキルや問題解決能力を身につけていきます。

近年は兄弟も少なく、けんか慣れしていない子どもが増えていますので、けんかのルールを子どもたちに教えてあげて下さい。

たとえば、イヤなことをされたり、言われたりしたら「やめて」とはっきりと言い返す、相手を物やゲンコツでたたかない、相手がイヤだと言ったらやめる、その場で仲直りする――などを教えておくと、上手にけんかできるようになります。

まさしく、**けんかしながら育つように、「生きる力」をつけてほしい**ものです。

小学校も3年目となれば学校生活にも慣れ、周りのことも見えてきます。それまでは、親のいうことを素直に聞いていたのに口答えをし始め、びっくりすることがあります。そして、児童心理学では「ギャングエイジ」といいますが、友だちと一緒にいることがとても楽しくなる時期です。

また、親が矛盾したことを言うと「さっきの話と違うじゃない!」と鋭く切り込んできて、親のことばに対して自分の意見をはっきり主張できる力がついてきます。

また、ちょっと声をかけただけなのに「うるさいな」とか「ほっといてよ」などと反発されるので、親は困ってしまいます。

これは自我が発達している証拠で、「集中しているのに干渉されたくない」「自分自身でやりたい」という思いが、そういう態度になって表れていると考えましょう。

叱りつけたり、頭ごなしに否定したりすると、子どもは自信を失ってしまいます。自立の準備をしているのだと、前向きに受け止めてあげましょう。

四年生頃になると、野球やサッカーなど、友だちとルールを決めてグループで遊ぶことができるし、仲間意識も強くなります。その中で、子どもたちは自分の立ち位置や役割を理解し、社会性を身につけていきます。

しかし、判断が的確でなく、安易な方向に暴走してしまうこともあります。こういうときこそ、親子のコミュニケーションが大切です。ふだんからコミュニケーションをとっていれば、事が起こったときにもフォローしやすくなり、冷静に判断することができます。

忙しいからと子どもの話をおざなりに聞いていると、「あれ？　この間お母さんに話したでしょ？　ちゃんと聞いてくれてなかったの？」と反発され、信用されなくなります。次に、親が真剣に言い聞かせたいと思うときに、子どももいいかげんに聞き流すようになってしまいます。

何かと衝突しがちな時期ですが、子どもが話しかけてきたときは、きちんと視線を合わせて、心を込めて聞くようにしましょう。

この頃には、大勢の友だちとルールに合わせた行動が上手にできるようになります。そして、しっかりと全体をまとめられるリーダーシップのある子どもがでてきます。

一方でルールを守らない友だちには厳しい目を向けます。そのなかで友だちと自分との違いを認識し、自己を客観視するようになります。

この頃には大人の世界にも目を向けるようになり、働いている人に関心をもち、働く意味を考えるようになります。大人に尊敬の念をもつ一方で矛盾にも気づき、大人を批判するようになります。これは順調に成長しているしるしですから、「生意気なことを言うものじゃない」などと叱りつけないでください。

子どもは身近にいる大人をロールモデルにして、社会性を身につけていきます。ですから、まずは大人同士が互いに尊重し合い、仲良くすることが大切です。

さらに、子どもの話に誠実に耳を傾けて、共感したら言葉で示してあげてください。

「友だちにやさしくしなさい」と言うより、お母さん自身が他人にやさしく接しましょう。すると、子どもも自然に同じように友だちに接するようになっていきます。

また、子どもがけんかしたときには、「怒る気持ちはわかるけど、あの子は意地悪するつもりではなくて、こんなふうに思ったのかもしれないね」「これからはこういう言い方をしてみたらどうかな」などと、前向きの言葉かけをしてあげてください。

子どもはさまざまな失敗や成功を繰り返してソーシャルスキルを学んでいきます。

親も多くの人とふれ合い、子どもにも多様な人間関係を体験させて、対人スキルや社会性を育んでいきましょう。

我慢のあとの喜び

子どもは、よく「みんな持っているよ。ぼくにも買って、買って」とせがむ時があります。でも、その時こそふんばって我慢を教えるのも必要ではないでしょうか。「みんなが持っている」というセリフは子どもの常套句ですので、「みんなって、誰と誰？」というふうに聞き返してみましょう。

ねだられて、すぐに買い与えるおうちの方は少数派でしょうが、「根負けしてつい」という方はよく見かけます。子どもがせがめば、親は何時でも何でも買ってくれると思わせてはなりません。おうちの方も、根負けしないでふんばりましょう。

わが家では、プレゼントは誕生日やクリスマス、お正月など特別の日と決めていました。ゲーム好きな子どもたちも、「誕生日に買ってあげるから待っていてね」と言うと、その日を指折り数えて待ちます。そうすると、待つ楽しさも味わえますし、我慢も覚えられ、ゲームを買ってもらった時の喜びは何倍も大きくなるのです。

息子たち3人のうちで誰かの記念日には、みんなで大挙してデパートに出かけて、あれがいい、これがいいと選ぶのも楽しみだったようです。

また、幼いときから本の読み聞かせをしていましたので、３人とも本好きになりました。クリスマスやお正月には本屋に行って、好きな本を1冊ずつ買いました。必ず、売り場で本人が判断して選びます。

鮮やかな多色カラー版の植物や動物、昆虫等の図鑑類はずしりと重いのです。１冊ずつ買うと隅々まで熱心に読みますし、揃えるのがまた楽しいのです。

大人でも読み応えがあるので、家に帰ると早速、私もワクワクしながら一緒になって楽しんだものです。こうして**我慢した後に喜びがあることを伝えましょう**。

そして、多くの本の中から自分で読みたい本を、あれも読みたい、これも見たいと迷いながら、子どもなりにニーズを考えて本を選択するという機会はとても重要だと思います。**判断力が必要になる選ぶ作業も大切**にしていきましょう。

子どものストレス

高学年頃になると他人や自分を客観的に見るようになり、合理的な判断もできるようになりますが、それがストレスになる場合もあります。

たとえば、「試験でミスをした」「友だちのずるさが許せない」「先生が間違ったことを教えた」「大人の理不尽さに納得いかない」など、それまではあまり気にならなかったことに対しても、腹立ちや悔しさを覚えるようになります。親や先生に注意されても自分自身が納得できなければ、反抗したり無視したりすることもあります。

さらに、その場できちんと対処できなかった自分が情けなく、歯がゆくて自己嫌悪感を持ち、歯がゆさの鉾先が自分に向かうこともあります。第二反抗期への序幕です。

ストレスはこころや身体にかかる外部からの刺激のことで、その反応は次の3つの側面に連動したり、重複したりしながら現れてきます。

たとえば腹が立ったり、イライラしたり、興奮したり、憂鬱な気分になってしまう心理的側面、頭や胃が痛くなったり、下痢をしたり、めまいやふらつきが見られるような身体的側面、またミスやトラブルを連発してしまうような行動的側面です。ストレスの発散では、以前にも同じような経験があったなあと、自分なりにストレスの原因を分析して納得し、発散の方策をたくさんもっている子どもほど、いつまでもストレスを抱え込むことはありません。

そして、自己肯定感が高く、自分自身を信頼している子どもは、その裏には、お父さんやお母さんの子どもへの深い理解と信頼があります。お母さんやお父さんが認めてくれているから、子どもは自分を信じ、親を信じることができるのです。

ストレスを感じたら、手軽にできる解決策としてスポーツや好きな趣味で思い切り体を動かす、大好物を食べる、さっさと家に帰って昼寝してしまうなどがいいですね。ときには、ストレス解消のつもりで乱読やスポーツ観戦をしていたら、その分野の知識が増え、さらなる学力増進につながったというケースもあります。

ですから、子どもが学校から帰宅したら、よく観察されるとよいでしょう。その時、「あら、お帰り」と言っただけなのに、「うるさい！」と返ってきたら、しばらくはそっとしておきましょう。

気持ちがおさまったら、子どものほうから不愉快な出来事について話し出すこともあるでしょう。そのときはしっかり聞いてあげてください。

子どもがストレスをためていると感じたら、さりげなく外に連れ出したり、好物を食べさせてあげたり、楽しい会話で気持ちをほぐしてあげましょう。

ほめるときは、心を込めて

「うちの子は、ほめるところなんてないわ」というおうちの方はいませんか？　本当にほめるところがないのでしょうか？

たとえば、「元気にあいさつできたね」「ちゃんと机の上を片づけられたね」「弟におもちゃを貸してくれたね」など、できなかったことがはじめてできたとか、自ら片付けたら大いにほめましょう。このように、ほめる種はどこにでもあります。

できないことをあげつらうより、子どもの目線から考えて下さい。おだててみたり、べたぼめをするのは禁物です。子どもは鋭いので口先だけの言葉は逆効果になります。

しっかり子どもを観察して、タイミングよくほめることが大切です。タイミングがずれると、何をほめられているのかわからず、うれしさが半減します。

ほめるときには、なるべく「ちゃんと宿題していたね、えらいね」「お母さんのお手伝いをしてくれて、助かったわ」と具体的なことばのほうが、自己肯定感が増します。

同時に、抱きしめたり、頭をなでたりすると、子どもはお母さんに認められたと肌で感じ、いっそう喜びます。

苦手なことを克服して改善したときも大いにほめましょう。

また、「あなたはやさしい子ね」「がんばりやさんね」と人間性をほめると、その子は本当にそういう子に育っていきます。

さらに、結果だけではなく、「下手でもいい、失敗してもいい、やってみよう」と、その**プロセスや努力をほめると、何ごとにも意欲的な子に育ちます。**

○上手にほめるコツ

・まずは、子どもをしっかり観察する。
・よかったことを具体的にほめる。
・子どもの目線に戻り、肯定的に見る。

・タイミングよく、心をこめてほめる。
・結果だけではなく、プロセスやその努力をほめる。
・スキンシップをしながらほめると喜びが増す。
・「助かったよ」「ありがとう」と感謝の言葉も添える。
・「こうすればもっといいね」と次につながる言葉がけも有効です。

叱るときも、真剣に

最近は叱らない親が増えているようですが、叱るべきときには叱って、きちんとけじめをつけることが大切だと思います。問題はその叱り方です。

「本気で！　真剣に！　簡潔明瞭に」を心がけましょう。

茶碗を洗いながら、声だけで子どもに「ダメよ！」と怒鳴っている人がいますが、これでは子どもは聞きません。

そもそも、他のことをしながらでは子どもに対して失礼ですよね。人として尊重し、しっかり向き合いましょう。つまり、**何かをしながら叱るな**ということです。

私は本気であることを示すために、まず自分が先に正座します。そして、「ちょっと、ここに座って」と前の座布団を指さすと、何だろうと怪訝に思いながら、子どもも真剣な面持ちで正座します。そして、本気で話し合います。

このような場合は、頭ごなしに叱るのではなく、なぜそんなことをしたのか、子どもの言い分を聞いてみましょう。何か子どもなりの理由があるはずです。故意ではなく、うっかりミスかもしれません。よい方向に導きたいがために叱っているのですから理由をしっかり説明して、どうすれば次につながるかを考えさせることが大切です。

なぜ叱られているのかわからなければ、子どもは同じ間違いを繰り返してしまいますし、精神的に追い込まれて人の顔色を見て行動をするようになり、本音を言わなくなり、自己肯定感が低くなってしまいます

また、子どもが不器用で失敗してしまうのは当たり前のことです。精一杯頑張ったのに、どうにもならなかったことを叱られても納得できないこともあります。子どもに問題行動があるのであれば、前向きな解決方法を一緒に考えて、根気よく説得することが大切です。怒りに任せて大人の価値観を押しつけるのは、とても危険なことです。

私の経験では、きちんと話せば、子どもは1歳でも2歳でも、小学生でも十分に聞き分けられます。

◯上手に叱るコツ

・問答無用ではなく、子どもの言い分に耳を傾ける。
・くどくどと、過去の失敗を持ち出さない。
・なぜいけないのか、理由を説明する。
・叱る目的と方向を忘れない。
・人格を否定する言動はつつしむ。
・本気で真剣に愛情をこめて叱る。

刺激のシャワーを浴びよう

「わあ！　うれしい！」

真っ白なハンカチに包んだ5つ目の弁当を見て、5番目で末っ子の私も今日から小学一年生、やっと一人前に扱ってもらえるのだと感動したものです。

そして、中高校生の長兄・次兄の大部屋に入った時に、大きな世界地図や地球儀に強烈な印象を持ったことを思い出しました。玄関の外にある兄たちの自称〝研究室〟には、解体中の電気部品が所狭しと積まれていました。

やがて、3人の兄は医学、電子工学、橋梁工学の専門家になりました。そして、私が誰よりも憧れてロールモデルにしたのは10歳上の長姉でした。

こうして姉や兄たちから多くの刺激のシャワーをもらいながら、末っ子の私は「生きる力」を手に入れてきました。

小学生の頃から、私は玄関前の庭掃除やお風呂の水くみの手伝いをしていました。母や祖母と一緒に、よく花畑やお墓の草取りにも出かけ、思いやりや慈愛の心をさりげなく教わったような気がしますし、手伝いをイヤだと思ったことはありませんでした。

それから、映画や芝居見物にもよく連れて行ってもらいました。地域に廻ってくる巡回映画会も刺激的でした。また、実家では多くの大人が出入りしており、小学生の私はその会話をさり気なく聞いていました。今から思えば、生きるために必要な観察力や分析力が身についたのは、こうした影響かなと思っています。

また、私が絵を描くのが好きになったのは、小学一年生の担任の先生と次兄の手引きでした。次兄は毎年5月に城跡で開催される市主催の写生大会に連れてくれました。小学生の私は毎年のように市長賞と副賞の絵具をもらい、中学生になったら春秋の校内写生大会で金賞と副賞の絵具をもらい、存分に絵が描けることが嬉しかったのを覚えています。

未亡人だった担任の先生は、日曜日も教室で掲示板の絵の張り替えなどをされていました。「絵を描きにおいで」と誘われて、私はガランとした日曜日の教室で、中庭に咲き乱れている花々や鶏小屋の親鳥の様子などを夢中で描いていました。そして、10年後に恩師は、私が高校教員に採用されたことを知り、今度は「絵の研究会を一緒に」と誘って下さいました。そして、そこでも刺激のシャワーを浴びました。

ところで、私は小学一年の時に親友に誘われてバイオリンを習いましたが、上達しませんでした。母が私に鼻歌を歌うことを禁止したから？　と勝手に思っています。でも、レッスンの待ち時間に近所のデパートでフランス人形を観察したおかげで、三年生の時にふんわりとしたスカートのフランス人形を創ることに成功しました。

五年生の時、連合運動会用のタイム測定で意外に早かったので選手に選ばれました。これで目覚めたのか（？）中学校ではバレーボール部キャップテンとなり、他に陸上や機械体操、はては英語弁論大会の出場もと、何にでも動員されるようになりました。

高校では入学式の日に顧問の先生にスカウトされて、陸上部に入りました。でも、電車通学の身には体力的に厳しく、半年で止めてしまいました。その後、同じ高校でトロンボーンと指揮を担当する２歳上の兄に誘われて、ブラスバンド部でフルートを吹いて、高校野球の応援や合宿などに出かけました。

大学では吹奏楽団に入って定期演奏会や全国コンクール、演奏旅行などを経験しました。毎日の練習はもちろん、毎年２月に行う寺での合宿には、朝から晩まで練習に明け暮れて、夢に楽譜が出てくる始末です。朝６時の起床時には、水が冷たくてしびれる思いで顔を洗ったものです。でも、これで鍛えられたのでしょう。

四年生の時に、吹奏楽コンクール全国大会に大学初の進出を果たし、ソロ演奏をしたのが懐かしい想い出です。あちこち手分けして出場費用の寄付集めもして、みんなでチームワークを組んで仕上げる活動の中で社会性が身に付いたと、今では感謝しています。

先輩から譲られた家庭教師のアルバイトと同時に茶華道にも精進したので、大学卒業後には華道家元池坊教授の看板と茶道裏千家の免状をもらいました。

小学校に入学する前は、近所に同級生がいなかったので家の中で一人静かに遊んでいましたが、小学校以降はたくさんの刺激のシャワーを浴びたおかげで、積極的で明るく、工夫するのが大好きな子どもに育ちました。

ところで、近年は習い事が花盛りで、あれもこれもと、はしごしている子どもも多いようです。でも、子どもの興味・関心はそれぞれ異なりますので、親の押しつけではなく、子ども自身がやりたいことに対して精いっぱい応援してあげましょう。

早い時期から「刺激のシャワー」を浴びた子どもは、自分のやりたいことにどんどん取り組み、能力を開発していきます。好きだからこそ厳しい練習にも耐えられるのでしょう。ピアノや絵画などの芸術系でも、学校生活とは違う刺激を受けるので、発想力や集中力、思考力などが養われます。

ただし、親に言われてイヤイヤでは何も身につきません。はじめは親が勧めであっても、その道を行くかどうかは子どもの意思にまかせましょう。しっかり観察して、子どもが喜んで習っているかどうかを見極めることが大切です。興味を示すようなら、積極的にサポートしてあげてください。

子どもの「生きる力」のツボはどこに眠っているかわかりません。**刺激のシャワーを浴びることで新しい世界が開かれる**のです。

ぜひ、刺激のシャワーが降りそそぐ現場に、お子さんを連れ出しましょう!

五感を通した体験が「生きる力」に

夫の仕事の関係で長男は2つの幼稚園、3つの小学校に通いました。次男も2つの幼稚園に通いました。転居先の新しい環境に馴染もうと努力している息子たちをみて、状況判断をする力がついたのではないかと、「転居」をプラスに捉えています。

長男が3歳の誕生日頃に札幌に転居し、年少児クラス(3歳児)が併設されている幼稚園に通いました。

ある日のこと、息子が帰宅途中で包丁や鎌を作る鍛冶屋さんを見つけました。2人の職人さんが、フイゴでシュッシュッと火に空気を送り込んでいます。

その作業に長男は興味を持ったらしく道路脇に座り込んでしまいました。「見ていてもいいですか?」と私が声をかけると、おじさんたちはうれしそうです。

私も長男の横にしゃがみこみ、さらに2時間ほど一緒に飽きることなく、鍛冶屋さんの仕事を見ていました。今から思うと、のんびりとして、ぜいたくな時間でしたね。

長男の心には、始めて見る鍛冶屋さんの様子から、五感を通した驚きや感動がしっかり刻み込まれたにちがいありません。「これはいったいどうなっているのだろう」「どうしてあんなふうにおじさんたちは吹いているだろう」などと、頭の中は「?」のマークでいっぱいになっていたことでしょう。

時は流れて長男が高校二年生、三男が小学四年生のときに、夫の転勤でブラジルのリオデジャネイロにて1年近く暮らしました。文化や風土、価値観が違う異国の生活はまさしく五感を通した体験の満載で、ハラハラ、ドキドキの連続でした。

しかし、ブラジルであんなにダイナミックな体験をしてきたのに、大人になった三男に聞いてみましたが、ブラジルでの生活を克明に覚えていないといいました。

現実には、大学では探検部に入り、就職後もアウトドアの趣味にはまっているようです。鮮明な記憶はなくても、ブラジルでの感動が原体験として心身のどこかにインプットされて、「生きる力」の基になっているのではないでしょうか。

ちょっと自分の周りを眺めてみれば、身近なところでもハラハラ、ドキドキの体験ができます。

「家族でキャンプに行った、庭でトマトを育てた、お父さんとキャッチボールをした」等、うれしかったり楽しかったり、驚いたりした時の五感（視覚・聴覚・味覚・嗅覚・触覚）を通した体験が、子どもの感性を磨き、「生きる力」を育てます。

成長するにつれ記憶は薄れたとしても、原体験で身につけた力は、いつまでも子どもを支え続けるのです。

最近の子どもが指導しにくい理由

子どもの年齢や学年に沿って、大方の子どもが達成できるような課題や目標を「発達課題」と呼んでいます。発達課題は将来の能力開発や人格形成に影響し、さらに、その積み重ねが「人として自立し、生きぬく力」を育みます。

子どもの発達には大いに個人差があります。それでも達成可能な年齢になれば、学びの体験を通して能力開発をしていくことは、とても重要なことです。

私はまずは実態を知りたいと考え、全国の小中高校の先生に「児童・生徒のキャリア形成・能力開発」についてアンケート調査を行いました（有効回答は３７６人）。

後日、その調査結果を私が担当していた教員免許状更新講習「生きる力とキャリア教育」の折に紹介しました。すると、先生方が口々に「今も大して変わらない。さらに格差ができて厳しい状況」と言われました。こうした状況をふまえて、調査結果の概要について紹介しましょう（表1）。

最初に聞いた「最近の子どもが以前と比べて指導しにくい理由」（複数回答）では、小学校（135人）で多い順に「精神的自立、基本的生活習慣が確立していない」「善悪の判断ができず集団規範やルールが守れない」「道徳心の欠如」「自己中心でわがまま、基本的生活習慣やしつけが定着していない」「自立していない」という結果でした。

自由記述では、「自己中心で自分の思い通りでないと気がすまない」「自分の子どもさえよければよいという親が増えた」「家庭環境が複雑で生活が不規則になり、子どもが情緒不安で孤立している」などの意見もありました。

ちなみに中学校では、多い順に「善悪の判断ができず集団規範やルールが守れない、道徳心の欠如」「コミュニケーション・人間関係が希薄」「自己中心でわがまま」です。

自由記述をみると「忍耐力が乏しく話を最後まで聞けない、50分授業がもたない生徒がいる」「幼少時から我慢するというしつけがされていない」「精神的に未熟で自立できない生徒が増えている」等、また、「人間関係が希薄で、傷つくと授業が受けられなくなるほど弱い」「気に入らないと学校を休む」「他者理解や異質への受容が苦手、攻撃が最大の防御」等の記述があり、学校生活全般や意欲等の影響を指摘しています。

高校では、多い順に「親の教育力不足で情緒不安定、孤立している」「自己中心的で我がまま」「コミュニケーション・人間関係が希薄」でした。自由記述では「怒られ慣れていないため注意を受けるとすぐ切れる生徒の増加」を挙げて、その要因として親や地域の教育力の不足等を指摘しています。

総じて、「徳育」に関わる課題が多く出されました。家庭での親子関係が「自立して生き抜く力」「人格形成」「学力増進」に重要な鍵を握ると指摘しています。つまり、「知育」と「徳育」は関連していることがわかります。

小学校時代の「徳育」は生きることの根幹を形作る時期ですが、昭和33年の学習指導要領改訂で「道徳の時間」が新設され、昭和52～53年改訂時には、ゆとりのある充実した学校生活の実現、学習負担の適正化が求められました。

平成元年の改訂では「生活科」を新設し、道徳教育の充実が図られました。平成10～11年改訂時には「総合的な学習の時間」が新設され、基礎基本の徹底、「生きる力」の育成が求められました。

ところで、私は担当した8つの大学のキャリア教育科目（概ね一年生）の授業中に小中学校時代の経験を毎年問うてきましたが、「道徳の時間はビデオや読み物が中心で、登場人物の心情を理解しようとする指導が多かった」と答えています。

それを受けて、平成28年度教員免許状更新講習の必修科目「［生きる力］と道徳教育」において、教員側の意見を聞きました（40人）。

出てきた課題は、「系統的でない道徳の授業が多く、次の学年につながらない」「読み取り活動が多く、読解に時間がかかる」「子どもたちの話し合いをまとめるのが難しい」「動作の遅い友だちに冷たい態度をとる。我慢できない子どもがいる」「感情表現が乏しい、自尊感情も意欲もない」「コミュニケーション能力不足で話し合いに参加しない」「人間関係が希薄、身近な大人との関わり方を知らない」「授業と実生活がつながっていない。子どもたちの課題と教材が合っていない」「生活習慣ができていない、家庭の教育力の低下、しつけがされていない」等でした。

そして、課題解決のための先生方の工夫は、「体験を伴い、実感できる教材を開発して自主教材を作成、実生活につながる授業づくり」「目の前の身近な問題を題材にする。実践を共有する」「自分の思いを表現できる環境づくり」「多様な価値観を知り、違いを認め合うことを伝える」「自分の生活をふり返る習慣をつける」「学年の縦による組づくりで活動する」「家庭との連携の強化」などが挙がりました。

さて、平成29年3月に公示された学習指導要領では、道徳を特別の教科とし、読み物の登場人物の心情理解に偏った形式的な指導や他教科に比べると軽視しがちな扱いから、「個性の伸長」「相互理解・寛容」「公正・公平・社会正義」「国際理解、国際親善」「よりよく生きる喜び」等の体系的な指導に改善していくことが求められています。さらに、物事を広い視野から多面的・多角的に考え、議論して、人としての生き方について考える問題解決型の学習も奨励されています。

つまり、道徳教育は授業で扱うばかりでなく、保護者や地域と連携して日常生活の中で自然に行動に移せるようにすることが大切です。そのためにも、親子で会話しながら一緒にさまざまな体験をして、ぶつかった問題を解決する力や深めて行くことができます。その積み重ねが「人として生き抜く力」につながります。

どうぞ、根気強く、心を込めて子どもたちにつき合ってくださるようお願いします。

表1．児童・生徒のキャリア形成・能力開発

校種別で多い順に３つを抜粋（小学校教員135名、中学校教員130名、高校教員111名）

1.【最近の子どもが以前と比べて指導しにくいこと】	小（%）	中（%）	高（%）
① 精神的な自立、基本的生活習慣が確立していない	31.1	―	―
② 善悪の判断ができず、集団規範やルールが守れない、道徳心が欠如	28.1	33.8	―
③ 親・子の価値観の多様化	26.6	―	―
④ コミュニケーション、人間関係が希薄である	―	32.3	28.8
⑤ 自己中心でわがままである	―	30.0	33.3
⑥親の教育力低下で情緒不安、孤立している	―	―	35.1
2.【学力形成における問題点】	**小学校**	**中学校**	**高等学校**
① 読み書き計算を含めた基礎・基本学力が不足	42.2	85.4	80.2
② 学習への意欲、関心がない	14.1	23.8	22.5
③ 繰り返し、ドリルを嫌がる	14.1	―	―
④家庭の教育力不足、家庭学習の時間不足	―	25.4	21.6
3.【学力定着のために家庭に望むこと】	**小**	**中**	**高**
① 予習・復習、宿題、テストのチェック	35.6	―	20.7
② 家庭学習時間の確保、習慣づけ	31.1	46.2	30.6
③ 声をかけ励まし物品ともに支援、一家団らん	21.5	21.5	―
④ 読み書き、読書、漢字、新聞を読む	―	26.2	―
⑤ 学習への意欲、関心をもつ	―	―	44.1
4.【教員の立場で工夫している実践例】	**小**	**中**	**高**
① 繰り返し学習、ドリル、プリント、小ノート、宿題	26.7	22.3	―
② 学習への意欲、関心	25.2	26.9	37.8
③ 漢字、読み書き、音楽、新聞を読む	17.0	―	―
④ 教官し認め誉める、子どもの声をきく	―	17.7	―
⑤ 自分で考える授業、調べ観察する時間の確保	―	―	30.6
⑥ 集中力、論理的思考の育成	―	―	27.9
5.【基本的生活習慣の定着のために家庭に望むこと】	**小**	**中**	**高**
① 善悪の判断、規範意識等、年齢に応じた基本的なしつけ	43.0	64.6	56.8
② 睡眠時間の確保、早起き、規則正しい生活	29.6	32.3	29.7
③ バランスのよい食生活、朝ご飯をきちんと食べる	16.3	22.3	18.0
6.【学力面で伸びる児童・生徒の特徴】	**小**	**中**	**高**
① 自主的、意欲的、積極的でチャレンジ精神がある	25.9	19.2	34.2
③ 人の意見や指導を受け入れる素直さ、誠実さがある	20.0	33.8	18.0
③ こつこつ努力、根気強い、忍耐力	20.0	21.5	22.5

（出典　宮崎冴子『キャリア形成・能力開発―生きる力をはぐくむために―』）

第2章　学力をグングン伸ばす

子どもの能力開発

子どもは生まれた時から、いえ厳密にいえば、母体の中で受精した瞬間から発達を始めています。まだまだ赤ちゃんだし、何もわからないだろうと思ったら大間違いです。２歳児は２歳児なりに、小学生は小学生なりに能力を開発しています。また、人間の発達は量的な変化ばかりでなく、精神・思考構造の変容のように質的な変化もあり、現実には遺伝と環境の両方から影響を受けています。

私は、長男の出産直後から「子どもはどのように能力開発して、自立していくのだろうか」「学力とは何か」という課題に大きな関心を寄せてきました。そのため、大学院では「自立」「発達課題」「キャリア形成・能力開発」「学力」等をキーワードに

表2.　自立的発達課題（成人期・男女）

自立的発達課題			
発達段階	精神的自立 （個人的要因）	社会的自立 （対人・社会的要因）	職業的自立 （職業的要因）
ヤングアダルトエイジ 探索期 （18～34歳頃）	自己教育力の深化 自己の認識・探索 アイデンティティの確立 ジェンダーの認識	自己・他者の客観化 問題解決の探索 自律的自己表現 社会的役割の受容	職業モデルへの同一化 職業構造への適応 職場の人間関係確立 職業観・勤労観確立
ミドルエイジ 確立期 （35～49歳頃）	知識の系統的構築 価値体系の明確化 人生観の確立	対人関係の確立 ヒューマン・ネットワーク形成 社会的地位の確立	専門知識・技術の向上 職業的自己実現 職歴と人的資源開発
後期ミドルエイジ 充実期 （50～64歳頃）	他者依存からの脱却 理想と現実の較差認識 自己評価の変化適応	リーダー・シップの確立 組織への同一化 社会的カテゴリーの認識	リカレント教育へアプローチ 職務内容の変化適応 ライフデザインの修正
シニアエイジ 円熟期 （65歳以上）	アイデンティティの再構築 世代間ギャップの受容 身体能力低下への適応 自立能力の維持	役割変化への適応 社会的支援の受容 次世代の人材養成 伝統・文化の継承	職務変化の自己統制 技術の維持・伝達 人的資源の養成 ライフデザインの再構築

（出典　宮崎冴子『キャリア形成・能力発達―生きる力を育むために―』）

社会調査を何回も実施し、現在も研究を継続しています。

　その知見を基に、「自立」を「個人的要因による精神的自立」「対人・社会的要因による社会的自立」「職業的要因による経済的自立」の３つに類型化しました。現在、各省庁等で使われている「社会的自立・経済的自立」の基になっています。

　そして、発達段階と発達課題をリンクさせて「成人期の生涯キャリア発達課題」の一覧表を作成し、国際学会で発表したところ大好評でした。

　次いで、全国官公庁・企業等管理職（30歳・課長以上、配布150人、回収107人）に「入社1・3・7年目

に期待する能力開発」「伸びる社員かそうでない社員との差異」について聞きました。

その結果、「入社1年目の社員に期待する能力開発」（複数回答）は、多い順に「社会人、企業人としての自覚」75％、「基礎的実務能力」32％、「表現・コミュニケーション能力」29％でした。同じく「入社3年目」では「専門知識・技能・技術」49％、「分析・問題解決等仕事処理能力」35％、「仕事への意欲、関心、責任感」27％でした。同じく「入社7年目」では「リーダーシップ」79％、「企画・開発能力」36％、「分析・問題解決等仕事処理能力」30％という結果でした。

また、「将来、伸びる社員かそうでない社員の差異」（複数回答）では、「仕事への意欲、責任感」が97％を占め、次いで「社会人、企業人としての自覚」が58％、つづいて「表現・コミュニケーション能力」が24％という結果でした。

つまり、小学校時代から積み重ねてきた基礎知識も大切ですが、その人の姿勢や生き方に関わる「意欲や責任感、自覚」のような精神的な側面が重要であると、管理職は答えています。社会人になってからも期待される能力開発を考えると、**精神的な強さや「生きる力」等を小学校時代から培うことが必要**です。

では「学力」については、どのように考えたらいいでしょうか。

テストの点数や偏差値のように、はっきりと数値化されて学力のある／なしが見える場合もありますが、数値化しにくい学力もあります。前者を「見える学力」、後者を「見えにくい学力」と呼びましょう。

「見える学力」は漢字やひらがなの読み書き、算数の四則計算や文章題等は学んだ後にテストなどで試されるので、子どもにも学力のある／なしが見えやすいです。これは、私の分類では、「基礎・専門知識・技術、応用力」の能力領域に当てはまります（表４）。

それ以外の「人としての自覚、ライフスキル」「学習・仕事への意欲・関心」「問題解決能力」「企画・開発、創造力」「協調性、順応性」「コミュニケーション能力」「リーダーシップ」「健康管理、運動能力」等に関する評価は、点数に表しにくいので「見えにくい学力」といえます（表３、表４）。

また、私はギルフォードの「知能構造モデル」の理論（１９７７）を参考にして、理解力や記憶力、論理的思考、推理力・創造力、判断力・洞察力を「考える知性」として位置づけました。そして、感情のはたらきが能力開発に重要なはたらきをするというゴールマンの著書『心の知能指数』の理論（１９９５）を参考にして、喜び、感動、共感、悲嘆、怒り、不安などの情動を「感じる知性」として位置づけるとともに、行動・実行することも重要であると考えて「行動力、実行力」を加えました。

表3．能力開発構造図

考える知性	能 力 領 域	生涯キャリア発達課題
認知（理解力） 記憶（記憶力） 集中思考（論理的思考） 拡散思考（推理・創造力） 評価（判断・洞察力）	①人としての自覚、ライフスキル ②学習・仕事への意欲、関心 ③基礎・専門知識・技術、応用力 ④問題解決能力 ⑤企画・開発、創造力 ⑥協調性、順応性 ⑦コミュニケーション能力 ⑧リーダーシップ ⑨健康管理、運動能力	自己・他者理解、受容 自己教育力、向上心 アイデンティティの確立 生きがい、自己実現 進路選択、キャリアプラン 生涯学習の継続 ボランティア、社会貢献 伝統文化の継承 健康・体力維持
感じる知性		
喜び、感動、共感、悲嘆、怒り、不安等		
行動力、実行力		

（出典　宮崎冴子『キャリア形成・能力開発—生きる力をはぐくむために—』）

表4．能力領域モデル

能力領域	能力領域モデル（評価の観点、行動の記録等）
①人としての自覚、ライフスキル	基本的生活習慣の習得*。自己受容・公正・公平。公共心・公徳心。使命感。生命尊重・自然愛護。人生観・労働観・職業観・価値。倫理観・道徳観*。忍耐力。共感。思いやり*。責任感*。指導を素直に受ける姿勢。セルフコントロール。危機管理。社会・組織と自己との関係認識。生きる力等
②学習・仕事への意欲、関心	学習・仕事への主体的・積極的な関わり*。好奇心*。動議づけ。最後までやり抜く意欲*。実践力*等
③基礎・専門知識・技術、応用力	読み書き計算の基礎知識*。専門的知識・技術*。応用力*。得意分野の深耕。資格取得*等
④問題解決能力	情報収集・分析・活用*。課題解決能力*。事象を科学的に分析し、課題を発見し、計画し、解決する力*。的確で敏速な実務処理*等
⑤企画・開発、創造力	目的に合う企画・立案*。創造力*。斬新な発想・アイディア*。改革力*等
⑤協調性、順応性	適応力*。チームワーク*。目標の共有。仲間意識、考えや感性の違いを受容*。自他の欲求のバランス*等
⑥コミュニケーション能力	自己表現*。意見表明。周囲の声を傾聴*。プレゼンテーション能力。挨拶・言葉遣い等の基本*。円滑な人間関係*。ネットワークの活発化等
①リーダーシップ	瞬時の状況判断で最適な決断と行動*。調整力*。問題解決のためのマネージメント*。率先力・指導力*等
⑨健康管理、運動能力	基本的生活の体力*。持続性。リズミカルな生活*。積極的に身体を動かす運動能力*。瞬発力*。健康・体力保持等

（出典　宮崎冴子『キャリア形成・能力開発—生きる力をはぐくむために—』）

表３、表４を見ると、人のキャリア形成に関わる能力領域はとても多様であることがわかります。お子さんの長所や得意分野を、ぜひ探してみて下さい。

実は、学校で伸ばそうとしている「学力」も、テストの点数や偏差値ばかりではありません。学校教育法においても、学力の３要素として、①基礎的・基本的な知識・技能、②知識・技能を活用して課題を解決するために必要な思考力・判断力・表現力等、③主体的に学習に取り組む態度――が謳われています。

授業や課外学習など、さまざまな体験をしながら、しっかりと将来のキャリア形成につながる能力開発をしてほしいと思います。

「見える学力」と「見えにくい学力」

「学力」には、テストの点数や偏差値のように、はっきりと数値化されている場合と、数値化しにくい場合があり、本書では前者を「見える学力」、後者を「見えにくい学力」と呼んでいます。

「見える学力」は、表３、表４でいえば、「基礎・専門知識・技術、応用力」の能力領域に当てはまります。その領域以外の「人としての自覚、ライフスキル」「学習・仕事への意欲・関心」「問題解決能力」「企画・開発、創造力」「協調性、順応性」「コミュニケーション能力」「リーダーシップ」「健康管理、運動能力」等に関する評価は、点数に表しにくいので「見えにくい学力」といえます。

私が能力領域モデルの中で重要と思う項目（表4の＊印）について、大学一年生に達成しているか否かを自己評価してもらいました。その結果、調査した8大学では、未達成と回答した能力領域モデルは、「企画・立案」「創造力」「改革力」「自己表現」「瞬時の判断で最適な決断と行動」「率先力・指導力」「資格取得」等が多かったのです。これらの能力は小学校以降にカリキュラム上で強調されているわけでもなく、知識を学ぶ機会に比べて、能力開発の機会は少なかったのかもしれません。でも社会に出れば、あらゆる現場で要求される重要な能力です。

結論をいえば、**「見える学力」と「見えにくい学力」は学びの両輪**です。学習への意欲・関心や問題解決力、豊かな発想力等があってこそ「見える学力」も育まれます。社会人となって新しい世界を切り開いていくときにも大きな推進力になります。

もちろん、小学校・中学校においても、学力の3要素を踏まえた教育が行われており、新しい学習指導要領では、これからの時代に必要となる資質・能力（①生きて働く知識・技能、②未知の状況にも対応できる思考力・判断力・表現力等、③学びに向かう力・人間性等）の育成を目指していますから、「見える学力」と「見えにくい学力」の両方を伸ばそうとしていることは言うまでもありません。

今後の課題として、学校のカリキュラムでは、知識の習得だけではなく、「見えにくい学力」に関わる分野をもっと取り入れていく必要があるのではないでしょうか。また、生涯にわたってキャリア開発するために、生涯キャリア発達課題（表３）も重要です。

「見える学力」だけにとらわれず、「見えにくい学力」にも留意することが、「見える学力」を伸ばすことにつながるだけでなく、子どもの将来にとって大切です。

確かな理解と反復練習

「学力」のうち、学校の教科などで身につける「基礎的・基本的な知識・技能」は、やはり重要ですから、その力を伸ばしてテストの点数を良くしたい、と誰もが願っているでしょう。

私は、まずは学力に関する教育現場の様子を知りたいと思い、全国の小中高校の先生に聞きました。その結果について紹介しましょう（前述表1参照）。

「学力形成における問題点」（記述式・複数回答）について聞いたところ、**小中高校の先生が共通して「漢字、読み書き、読書、計算力等を含む基礎学力の不足」を挙げています。**アンケート先は、とくに学力難関校を抽出して聞いたわけではありません、でも中学校と高校教員の80％以上、つまり5人のうち4人が「基礎学力の不足のまま進学・進級をしている」と回答しているという現実に驚きました。

自由記述をみると、小学校では「計算力のない子に限ってドリルが嫌い」「繰り返しが苦手」「集中して取り組めない」「できなくても平気」「人の話を聞けない」といった記述がみられます。

中学校では、「小学校時代のつまずき」「漢字、読み書き、計算力を含む基礎学力不足」「中学入学時にかけ算の九九の問題を10問中5～9問正解できない生徒が34人中8～10人くらいいる」「ドリル式反復練習の学習ができないので応用・発展問題に進めない」「家庭の教育力不足」「家庭学習の時間が少ない」「学習への意欲・関心がない」等が指摘されています。

高校では、「小中学校での学習が不十分」「小学校レベルの学力しかない生徒も大勢」「何に関しても関心が薄く向上心もない」「できなくてもそれでいいとすぐに諦める」「学ぶ楽しさや知る楽しさを味わっていないから学習もしないし、学力もつかない」「家庭学習の時間が少ないか、やっていないために学力がどんどん低下する」「義務教育の積み残しが高校まで持ち越されている」等が書かれています。

次に、「学力定着のために家庭に望むこと」について聞きました。小学校では多い順に「予習・復習、宿題」「反復練習」「テストのチェック等」「家庭学習の時間の確保、習慣づけ」「声をかけて励まし物心ともに支援」「一家団らんをする」等でした。

小学校の自由記述では、「宿題のチェック」「反復練習、計算」「家庭学習につき合う」「気になる点を学校と家庭で連携をとってよくみる」「小さい時から絵本等の読み聞かせ」「1日に何分かじっくりと家庭学習に取り組める環境」「子どもの学力の実態をよくみてほしい」「学習への意欲がもるように子どもに声をかけて一家団らんをして心をあたためてほしい」等がありました。

ちなみに、中学校では多い順に「家庭学習の時間の確保、習慣づけ等」「読み書き、読書、漢字、新聞を読む等」「声をかけて励まし物心ともに支援する、一家団らんをする」です。

高校では多い順に「意欲・関心をもつ」「家庭学習の時間の確保、習慣づけ等」「予習・復習、宿題、反復練習、テストのチェック等」という結果でした。

つまり、**小中高校の全校種の先生が共通して「家庭学習時間の確保」「宿題やテスト等のチェック」「励ましの声かけのためにあたたかい親子関係」等が重要であると指摘**しています。

私が注目した点は、「学力」に関する質問をしたのに、回答に「あたたかい親子関係を！」と学習以前の答えが返ってきたことです。さらに注目した点は、**基礎・基本の学力定着のために避けて通れない「反復学習」を嫌がる小学生が多い**ことです。つまり、**学力が伸びない原因には「意欲・関心がない↓繰り返し学習をしない↓基礎学力が定着しない↓意欲も失せてしまう↓」という悪循環がある**ようです。

さらに、先生方は「習熟時間が不足」「学力が不十分なまま次単元に進む」「学校だけでは学力はつかない」等、体制上の問題も指摘しています。

つづいて、「教員の立場で工夫している実践例」（自由記述、複数回答）の回答です。小学校では、多い順に「繰り返し学習、ドリル、小ノート、宿題等」「学習への意欲、関心をもたせる」「漢字、読み書き、音読、新聞を読む、読書、作文指導」の順でした。

自由記述では「導入に問題場面や体験を取り入れる」「これは大切！　と前置きす

る」「途中で、できない子や思考が止まっている子を集めて説明する」等が続き、課題を解決するために先生方が努力されている様子がよくわかります。

先に見たように、先生方の本音は、中学校では「小学校でのつまずきが学力不足の原因」、高校では「小中学校のつまずきが原因」ということです。つまり、小学校時代の学力定着がいかに重要であるかということです。

最後に、「学力面で伸びる児童生徒に共通する特徴」（自由記述、複数回答）について聞きました。小学校では上位3つが「自主的、意欲的、積極的、チャレンジ精神」「意見や指導を受け入れる素直さ、誠実さ」「こつこつ努力、根気強い、忍耐力」という回答です。ちなみに中学・高校でも、上位3つは同様の回答でした。

端的にいえば、**「意欲」「素直」「根気」を備えることが、学力を伸ばすキーワード**だということです。支援する側の姿勢やあたたかい家庭環境も大きな要因になるようです。

学力をグングン伸ばしたいなら、小学校時代の基礎学力の定着が不可欠です。今からでも決して遅くありません。気がついた瞬間から努力すればいいのです。今日から頑張りましょう！

先生に聞く国語の課題

先生方は「国語」についてどのような課題を感じ、どのような工夫をしているのでしょうか。私が企画した教員対象の2回の研修会を例にして考えてみましょう。

研修会では、S市のユネスコスクール5校（小学校3校、中学校2校）の先生方とともに国語、算数・数学に関わる「課題と改善策」について討論しました（2009）。

研修会前に、先生方が感じている国語の課題について聞いたところ、小学校からは「漢字の読み書き」「心情や情報の読み取り」「同音異義語を文脈に即して書き、読み、推敲する」等が挙がりました。

「漢字の読み書き」の課題に対して、先生方は「新出漢字の指導の工夫」「苦手な漢字を中心に教材の作り直し」「朝の学習で漢字に取り組む」「漢字の宿題を強化して定着をはかる」等の工夫しているそうです。

「心情や情報の読み取り」の課題には、「朝の読書や図書の時間を活用し、読書習慣をつける」「一緒に図書室へ行って本を選び、教師が声かけする」等の対策です。「同音異義語を文脈に即して書き、推敲する」の課題には、「読書活動や言葉の意味調べなどで、語彙数を増やす」「辞書を引いて、自分の言葉で説明できるようにする」「暗唱や音読を積極的に行い、日本語のリズムに慣れ、自信を持つようにする」「話す要点を書いて相手にわかりやすい話し方を考え、発表の機会を増やす」「行事や日常の出来事について作文や日記を書く」「聞く側は大切なところをメモする等、発表者の意図を捉えられるようにする」等の工夫をしているそうです。

ちなみに、中学校では「資料等の情報を分析し、自分の考えを書くこと」が課題として挙がり、先生方が工夫されている点は「自分の意見や考えを書く機会を増やし、書き方を会得し、書く力をつける」「資料を使い読み取る機会を増やす」「辞書を使って言葉や漢字の意味を調べ、読み書きの力をつける」「時間内に与えられた文章を読めるよう時間を区切って、黙読をする」「単語を日常生活に生かせるよう短文を作り、どの場面に使用するのか考える」等の工夫をしているそうです。

結果として「小学校の課題を解決しないまま中学校に進学している」という現状がわかりました。前節「確かな理解と反復練習」における「学力形成における問題点」のアンケート結果と同じような結果がみられました。

つまり、「**反復練習も重要**」で、**小学校の学びがとても大切**だということです。

どうぞ、くりかえし学ぶことも大切だと伝えて、あたたかく応援してあげて下さい。

先生に聞く算数の課題

「算数・数学」について先生方はどのような課題を感じ、どのような工夫をしているのでしょうか。教員向けの研修会でわかった点は次の通りです。

「小数のかけ算やわり算の定着」の課題には、「定期的に繰り返す」「確認テストを活用する」「応用問題に対応してがんばりタイムを活用」等の工夫をしているようです。

「図形の名称や性質、たとえば円周率の意味、割合、グラフの読み取りと活用」の課題には、「低学年から積木やカードを用いて図形に親しませる工夫」をしています。

「数量や図形の表現・処理、求め方の理解と定着、活用面での弱さ」の課題には、「具体物を用いた授業や体験活動を進め、量感を伴うような課題を考える」「単位の換算の仕方や量感をつかむための指導を繰り返す」「面積や体積、角度等の図形領域の知識を定着させ、図や絵を用いて考え、発展問題にも対応できるよう工夫し、問題を解く喜びを実感させる」等の工夫をされています。

「グラフや表、数値等の情報を読み取り、考えをまとめる機会の不足」に関する課題には、「基礎段階でつまずく児童の支援を手厚くする工夫」をされています。

「文章を読み込み、読解力を育成すること」の課題には、「問題文章を読み、題意を理解するための読解力を身に付けさせる工夫」や「外国籍児童には通訳を積極的に活用して理解を深めること」等々、日々努力がされている様子がよくわかります。

ちなみに、中学校では「文字式の意味を具体的な事象と関連付ける」の課題には、「計算問題の繰り返し」「基本的な解法を身につける」「計算ドリルで基礎学力を伸ばす」「応用問題は式の意味を具体的な事象と関連付ける」等の工夫をしているようです。

「表やグラフのデータを基に問題解決への筋道を立てて説明する」「図形では問題解決の構想の組み立て、数学的な表現で説明」の課題には、「具体物の引用と操作を通して学習意欲の向上を図り、式、表、グラフを関連付けながら学ぶ授業づくり」等の工夫をしているそうです。

つまり、中学校では課題解決のために小学校レベルの算数を学び直し、高校では中

宮崎プラン

○教育理念

1．顔の見える教育「全体を眺めながら個人を見る、個人を見ながら全体を眺める」
2．人間尊重、基本的人権を遵守する
3．「意欲・素直・根気」を育てる
4．「継続は力なり」
5．「生き方」を支援するキャリア教育

○個人の学習・能力開発

1．確かな理解と反復練習
2．単語とその概念との融合
3．九九、定理の暗記と定着
4．音読から正しい発音と暗記
5．家庭学習・宿題で学力の定着
6．時間の感覚を体感
7．「読書マラソン」の活用
8．毎日1分スピーチと評価にて分かち合い学習
9．整理→優先順位→成果の確認
10．系統的学習

○学習活動・授業への取り組み、学校生活

1．新学期の最初に授業の受け方のルール説明
2．子どもの目線に立った指導
3．生徒と教員で盛り上げる授業、信頼関係の構築
4．「考える授業」
5．コミュニケーション力は「読み・書き・聞く・話す」の融合
6．教員が納得する教材を使用

○学校生活

1．「学校きょうだいづくり」で上級生と下級生の交流
2．感じる力→考える力→行動する力、説明する力→生きる力
3．学習の大切さや将来のことを親子、教師と児童・生徒で話し合い

○家庭生活

1．「早寝・早起き・朝ご飯」
2．家族の団らんの日
3．企業連携で、保護者の職場訪問

○社会教育

1．地域学校協働事業（コミュニティスクール）
2．地域コーディネーター、ボランティアの資質向上

○子育て支援と授業改善

1．学習アドバイザー、キャリアカウンセラー
2．キャリアコンサルタントの資質向上

学校で積み残した課題解決のための努力を続けているという現状です。

言い換えれば、**小学校時代に学んだ基礎基本の学力をきちんと定着させておく必要がある**ということです。研修会を通して課題解決のために「宮崎プラン」をまとめて、先生方へのエールとしてお送りしました、工夫すれば実行に移せるものばかりです。

どうぞ、小学校の学びの定着にあたたかい支援をして下さることを願います。

小学校で役立ったことは？

小学校の頃の両親、先生、友人の指導や助言が後の人生にどのように影響しているのでしょうか。私は、大学一年生に毎年、小学校時代を振り返ってもらっています。

まず「両親のしつけ等で役立ったこと」について聞きました。もっとも多かった回答に「基本的生活習慣」です。自白記述では「食事マナー、食事時の姿勢や片づけの習慣」「食物は残さず食べる」「箸や鉛筆の持ち方」「歯磨きの方法」「靴の履き方」「トイレの後に手を洗う」「横断歩道の渡り方」「交通安全」「金の貸し借りはダメ」等で、一様に**基本的なしつけが、今も役立っている**と答えています。

次いで多かった回答は「優しさ、思いやり」です。自由記述では「人のことを考えて行動せよ」「女の子と小動物をいじめるな」「人に優しく、困った人を助けなさい」「自分がされてイヤなことは人にするな」といった記述がありました。

つづいては「挨拶」を挙げた学生が多かったです。自由記述では「まず挨拶」「善悪の判断、ルールや約束を守る」等の倫理観・道徳観、「素直、責任感、迷惑をかけるな、遅刻するな」等、他人との関わりに関するしつけが役だったと記述しています。

そして、「間違ったことをすると戸外に出され、守るまで家の中に入れてくれなかった。ご飯を食べさせてもらえなかった」「悪いことをしたら、ところかまわず叱られた」「しつけは厳しく、当時はイヤだったが今役立っている」と述懐し、守るべき大切な事柄は両親のしつけのおかげと、一様に親への感謝の言葉を記しています。

「友人からのアドバイス」では、「もっと明るく」がもっとも多く、明るい友人を見習って私も真似をしたといったように、人との接し方を学んでいたようです。

「先生の指導」では、「最後まで諦めずに努力せよ」「されてイヤなことは人にするな」「相手の言い分も聞け、仲良くして助け合いなさい」と、社会的自立に役立つ学びをしていることがわかります。

学習面では、回答者全員が「基礎・専門知識、応用力」を挙げています。とくに多いのは「国語」「漢字・ひらがな」「会話」「言葉遣い」「読書」「かけ算の九九、四則計算」です。

他に「子どもの頃からの学習で、今の私がある」「小学校の勉強は基礎だったので今も役立っている」「道徳をもっと重要視すれば、いじめや登校拒否がなくなる」「毎日の些細なことから大切なことが身についた」等、小学校教育の重要性を述べています。

大人になった自分をふり返ってみても、小学校では役に立ったと思えることばかりですね。大人たちは、もっともっと自信を持って子どもに向かい合いましょう。

漢字をおぼえよう――かたちと意味を同時に

小学一年生にもなると、友だちと遊ぶことが楽しいと同時に相手の一挙一動も気になるようです。「あんな難しいことがやれるなんてすごい」「あんなふうになりたいな」という憧れからまねをするうちに、子どもの力がぐんぐん伸びていくことがあります。

計算が苦手だった子が、友だちの計算の速さに触発されて毎日取り組むようになったり、勉強嫌いの子が急に勉強し始めたりして成績が上ることもあります。友だちのまねをして自分に取り込んで、自分を伸ばしていくので「**自己教育力**」といいます。

「学ぶ」の語源は「まねる」で、そこから「まねぶ」、さらに「まなぶ」へと変化しました。乳幼児の頃に、大人のしぐさや表情を真似して言葉を覚えましたね。

3~6歳のままごとごっこ（象徴遊び）をする時は、木の葉や枝で皿や箸の代わりをしたり、お父さんやお母さん役になって役割分担をしたりして遊びます。現実の世界をまねして学んでいるのです。

学年が進んで学習内容がそれほど難しくならないうちに、家庭で復習する習慣をつけるといいですね。教室では、説明と少しばかりの演習で授業時間が終わってしまう場合が多く、類題を解いてフォローし、学力を定着させるところまでは時間の余裕がありません。ですから、おうちでは子どもが理解しているか否かも、必ずチェックしましょう。

私の体験ですが、小学二年生の甥の漢字帖を見たら横線が一本足りない「達」が並んでいました。甥は「先生が丸印をくれたから正しい」と主張するので、一緒に教科書で確認して間違いを訂正させました。やはり、家庭できめ細かな点検が必要です。

何よりも、私は**新しい漢字の書き方を練習する時は、必ず漢字の持つ意味も同時に覚えること**が大切だと思っています。

漢字の書き取りも単語だけでなく、文脈の中で覚えてこそ訓読み・音読みの区別や意味・用法がわかるのですから、必ず短文を示して書き取りの練習を奨励して下さい。

そして、大きな字の国語辞典を持たせましょう。どんどんと辞典にふれさせてください。学力の向上は、辞典を引く回数に比例するという説もあります。

また、ひらがな・カタカナは、新出の時に完全に習得させてください。とくに「シ」と「ツ」、「ソ」と「ン」など、はねかたが間違いやすいカタカナは注意が必要です。

赤ちゃんの頃から、おうちの人のまねをして学び始めた単語や言葉づかいは、単語とその意味が融合してはじめて身につきます。**語彙数が増え出すと「学力」の伸びに直結**します。今からでも、ぜひ家庭での会話も充実させていきましょう。

集中力、知的好奇心、自己肯定感

ある日、子どもの授業参観に行きましたら、社会科「学校の周りの様子」の授業中でした。先生と一緒に近所を見学した後に、教室に戻って班ごとに郵便局やパン屋、消防署、警察の絵を描いて切り抜き、大きな模造紙に絵地図を作っていました。

観察していると、先生の説明が終わるやいなや作業を始める子ども、ぼーっとしている子ども、やることがわからないのか「何すればいい？」と友だちに聞いている子ども、作業そっちのけで喋り続ける子等、十人十色の状況が興味深かったです。

この瞬間は何気ない行動の一部ですが、今後の生き方や姿勢につながる一端を見ているのです。なぜなら、知的好奇心や集中力のある子はさっさと判断して、さっさと短い時間で作業をこなしてしまいます。脇目も振らずに熱中し、きびきびと動きます。**集中力は、学びの効率を高めるので、学力を伸ばすには不可欠**ですね。

この集中力の基になっているのは、「好奇心」と「自己肯定感」ではないでしょうか。好奇心の強い子は感受性も豊かで、何か疑問を感じると「なんだろう？　見てみよう」「どんな仕組みかな?」と足を止め、疑問を解くのに熱中します。

自己肯定感のある子は、「やればできる」「やってみよう！　なんとかなるさ」「あの子ができたから、私にもできる」という前向きの気持ちでチャレンジします。自己肯定感が高まると、作業する時にも集中力が高まっていきます。

子どもに集中力が欠けていると思われる場合は、机に座って勉強を始める前に、深呼吸して「よし！　やれるだけやってみよう」等と声を出すように促して下さい。

そして、**面白そうだなとか疑問に思うことがあったら、直ぐ調べてみる**ように働きかけて下さい。もし、子どもがその場で解決できなくても、調べたことは明確に覚えていて違う場面で役に立つことがあります。いつもそうして実行していると、何でも気持ちがほんのちょっと動いた時に、すかさず行動に移すことができます。

ですから、子どもが興味を持って質問してきたら、忙しくても一緒に考え、調べましょう。手がふさがっていて「あとで調べる」と約束したら、絶対に守ってください。

また、「親の言うことが正しいのよ」と、大人の価値観を押しつけて、子ども自身で考える機会を奪ってしまうと、指示待ちの人間になってしまいます。

子どもを一人の人間として尊重して、芽生えた気持ちや姿勢を必ずほめて、「やってごらん」「あなたならできるよ」と、励ましてあげてください。おうちの方や先生の**あたたかい励ましが、自己肯定感をはぐくむ一番の原動力**になります。

判断力をつける

子どもの判断力について、考えさせられたことがあります。

夫の転勤で岐阜に転居して一年、ようやく地域の様子に慣れた頃です。長男は四年生、次男は年中から年長クラスに進級しました。

その前年度の終わりに幼稚園からＰＴＡ会長を頼まれ、「まだ小さな弟がいるから」と断りましたが、「職員室で私たちが見ますから」と熱心に言われる園長先生にほだされて、つい引き受けてしまいました。

そして新学期の5月、ＰＴＡ役員総出で幼稚園の図書整理をしていました。本の点検・修理とラベルの張替作業に夢中になっているうちに、ふと気がつくとそばで遊んでいたはずの三男の姿が見えません。他の子どもたちは居るのに……。中庭か？　次男の教室か？　砂場か？　裏庭か？　と行ってみましたが何処にもおりません。

私は青くなりました。

もしかして！　と思い直して急いで自宅に戻ってみると、家の前の広場で一人で遊んでいました。幼稚園から家までは２分ほどですが、まさか３歳になったばかりの子どもが本当に一人で家に帰るとは！　私が思いつかないような判断に驚きました。お兄ちゃんの教室に行くとじゃまにされるし、先生たちも忙しそうだし、じゃあ家に帰ろうかなと、子どもなりに考えを巡らせたのでしょうか。でも、実際に「一人で帰る」という判断は、いったいどこから出てきたのでしょうか？

どうしてそんな事を思いつくの？　と考えるのは大人側の勝手な思い込みかもしれません。本人にすれば隣の幼稚園は行動範囲のうちだったのかもしれませんが……。

私は、子どもの判断は大人も思いつかない行動につながると肝に銘じて反省もし、「その場を離れるときは、一声かけてから」といいきかせました。

その折、子どもが自分で考え、その場で適正な判断をする力を身につけるには、周りの大人は普段からどのような努力をすればいいのかと考え込んでしまいました。

そして、私が思い至ったことは「**さまざまな体験を通して考える習慣をつけ、その時その場で的確な判断する力を鍛えるしかない**」ということでした。この時は事故に巻き込まれなくてよかったのですが、事件や事故に巻き込まれる場合だってあるのですから。

子どもが的確な判断ができる力をつけるためには、まずは子ども自身が考える習慣をつけるように、大人側も工夫しないといけないと考えました。

たとえば、いつも大人の価値観で子どもの答えを誘導して、子どもが答える時に「はい」か「いいえ」で済ませてしまうと、子どもは考える必要がなくなり、そこで会話が終わってしまいます。このような質問は「**閉ざされた質問**」といいます。

一方で、「なぜ、そのように思うの?」「どこがよかったの?」と選んだ理由や思いを質問すると、子どもは理由や感じたことをまとめて何とか伝えようと努力します。

何を、どのように判断したのかということを、どの順番で説明すればわかってもらえるかと考えるし、表現力もコミュニケーション力も開発されるというわけで、「**開かれた質問**」といいます。ふだんからこういう質問をすることが大切ですね。

さらに、前向きの質問(未来質問)を心がけましょう。

たとえば、子どもが親に何も言わずに、その場を離れてしまったという場合には、どのような言葉をかければいいでしょうか?

「なんで、一人で勝手に帰ったの?」だけでは、終わった結果つまり過去のできごとについて問うので「**過去質問**」、「お母さんや周りの人に心配をかけない方法はないかな？」と、今後について問う場合に「**未来質問**」と呼びましょう。

子どもが失敗すると、ついつい過去質問を浴びせがちです。「なぜできなかったのか」と問い詰めるだけでは、子どもの能力開発はアップしないでしょう。

一方、工夫して未来につながる質問をすると、自分なりに考えて行動するようになります。こちらのほうがずっと建設的ですね。

私は、「**判断力**」は「**考える知性**」**の中でも大切な能力**だと思っています。キャッチした情報やこれまでの記憶の貯蔵庫から引き出してきた材料を基に、ものごとを比較して選択し、行動を決めていく力です。

たとえば、キャッチした情報が間違っていたり、他のよい方法があれば直ちに方向の変更や修正を行ったり、今自分のおかれている状況を合理的に把握して、行動を起こすために決定する能力です。決定の仕方によっては、生死を分ける場合もあるわけですから、とても重要な能力ですよね。

さらに、思い出しました。わが家は転居の度に近所の山によく家族で登りました。地域に親しむことが目的なので、山の高低にはこだわりませんでした。

私も一緒に登りながら、「登山は子どもの判断力や決断力、我慢する力の開発に役立っている」と気がつきました。つまり、山を登るには、前に進む一歩一歩の踏み場を一瞬に判断し、決断して行動に移さなければいけません。

このように、**自分で考えて、決断して行動する経験が「生きる力」を育む**のだと思います。

ぜひ、子ども自身が判断する機会を大切にしていきましょう。

よく観察しよう

「総合的な学習の時間」が2000年度から教育課程に導入され、小学校三年生以上に科目横断の学びの時間が増加しました。そのニュースをテレビ画面で見ていた三男が「わが家は昔からやっているよ」と、テレビに突っ込みを入れていました。

「総合的な学習」の目的は、「自ら学び、自ら考えて、主体的に判断して行動する力」をつけることです。その成果として「問題を発見し、問題を解決していく能力」が身につきます。そのためには、さまざまな実体験を重ねることが重要です。

実体験を有効な学力増進につなげるためには、**観察して対象をあらためて意識することが大切**です。私が観察することが好きになったのは、小学五年生のときです。

ある日、突然に担任の先生がクラス全員にノートを配布されました。配ってから「皆にプレゼントだよ、今日から毎日、何でもいいから観察を！」と言われました。

私はその日の下校途中に堂々と道草をし、ちぎれ雲が時々刻々と変化していく様子をノートにスケッチしました。そして、「結構おもしろいじゃないの」とばかりに、毎日のように道草をするようになりました。

また、ものさしを片手に近所の田んぼに出かけ、稲が伸びていく様子を毎日ノートに書き込みました。それからは、何か観察することないかなとアンテナを高くし、知的好奇心満載の子どもになりました。思えば楽しい小学校時代でした。

この観察ノートの原体験が、わが家の子育てに大いに役立ちました。

夏になると、５月に撒いた朝顔の双葉から本葉が出てきて時間とともに変化するので、子どもは巻きついているツルの様子や葉っぱの形、花の様子などをスケッチして、説明文も加えます。こうして毎日記録して、朝顔の観察ノートを作りました。

ひまわりの花が咲き始めたら、時間ごとにスケッチすると、茎が太陽の方向に曲がっていくのがわかります。花の周りでウロウロしているあぶら虫やミツバチ、モンシロチョウ、カタツムリなどを観察してみたり、池の中ではオタマジャクシの手足が出てくる頃に、持ち帰って家で飼ってカエルになるまでの記録をとっておもしろがっていました。

このように、周りを見渡せば観察したいものはあちこちに転がっています。子どもが何かに興味を示したら、おうちの方も「どれどれ！」と覗き込んでみましょう。**楽しんで観察を続けていくと自然と観察力が身について、学力も伸びていきます。**子どもが新しい発見に驚いているうちに学力が伸びるのですから、言うことなしでしょう？　ぜひ、「今日から観察ノートをつけよう！」と伝えてみて下さい。

親子で、自由研究を

夏休みの自由研究は、親子で大いに楽しみましょう！

長男が一年生の夏休みには、「スイカの出荷高の推移と気温・日照の関係」について親子で一緒に調べました。当時住んでいた目黒駅近くの官舎のベランダから、すぐの崖下にある青果市場に並んでいるたくさんのスイカが見えました。

「今年は暑いから、たくさん売れているのかな」とふと思いつき、その疑問を自由研究のテーマにしたのです。

まず、子どもと気象庁に出かけて、その夏の温度や雨量などを写して帰りました。次に青果市場に行って、毎日のスイカの出荷量の記録を見せてもらいました。出荷量と最高気温、雨量との関係が本当にあるのかなと、親子で興味津々でした。

また、「アリの好きな食べ物」について観察しました。教科書に「アリは甘いものが好き」と書いてありますが、「本当にそうなのかなあ?」と思ったのがきっかけです。

そこで、砂糖、ハム、スイカ、塩などの食べ物を大きな木の下に並べて、1時間ごとにアリの数を調べたのです。アリが群がる食べ物は何だったと思いますか?

一番多かったのはハムで、砂糖は二番目でした。アリは肉食だったのですね。

毎年の夏に、M大学で担当した教員免許状更新講習の時に、受講生の先生方に「アリの好物はなに?」を聞いてみましたが、だれも答えられませんでした。教科書が必ずしも正しいとは限らないことを、子どもが夏休みの自由研究で証明したのです。

このほか、「紙飛行機120種」「凧作り」「カタツムリの生態観察」「大豆の発芽」「今年はなぜ冷夏なのか」「主要都市の最高・最低気温と天気の関係」「世界の石集め・空気集め」「アマゾン河の研究」などの自由研究を行いました。

3人とも喜んでやりましたね。低学年では稚拙なレポートであっても、可

ていうちに自分で理論を構築して、理路整然

息子たちは五年生になると、区の教育委員会と小学校科
講座「理科教室」に参加しました。ちがう学校の児童が二人一組にな
で月2回の研究を続け、年度末には公開発表会がありました。私も参観に出か
た。

緊張した面持ちながら一生懸命に発表している子どもたちをみて、私は嬉しく思いました。こうして実践で培われた思考力や推理力、柔軟な発想、集中力、表現力等は応用できるので、総合的な学力の育成につながります。

何事もやってみないとわかりません。やってみてなんぼ。まずやってみましょう！

10歳の壁――具体的な考え方から抽象的な考え方へ

三年生までの四則計算をいい加減に通過してきた子どもは、大きな数の四則計算がでてくると面倒がって嫌がります。わり算の積立算で余りが出るような問題を、間違わずに最後まで計算していく集中力と忍耐力は大変なものですから。

計算間違いが多く、時間がかかるようでは、先を見通す力を育てるのに能率が悪いということになり、逆に計算が早くて正確であることは大きな意味を持ってきます。

計算や漢字の練習、その他の勉強の技術は繰り返し学習する過程で融合されて、推理力・創造力、論理的思考力などを助長します。たとえば、国語の読解力が理科や社会に活かされ、算数の正確な計算力が理科に活かされ、歴史への興味が国語力を高めるというように相乗効果を発揮します。

こうして得られた学力は、必ず社会人になっても何度も応用して使うことになりますので、根気強く定着するまで粘りましょう。

さて、四年生になると抽象的な事象や科学的な学びが教科に組み込まれて、目に見えないものをイメージする力や抽象的な思考力が求められるのです。

たとえば、電気の働きや地球の内部がどうなっているのか、また太陽までの距離や太陽の温度なども実際に傍まで行って測った人はいませんが、科学的に分析してわかっています。算数では、分数・小数・時刻・時間・面積・体積などの意味と計算、大きな数の四則計算などを習います。

具体的に考えれば解決していた低学年とは異なり、四年生の時期は学習内容が抽象的になり、そのため落ちこぼれる子が増えるので、「10歳の壁」といわれています。

ですから、きちんと理解できているかどうか、家庭でも学力の定着度を必ず点検してあげてください。もし、落ちこぼれたら、すぐにその穴を修正してください。

ただし、抽象的な思考は、教え込めば一朝一夕に身につくというものではありません。自分で考え学ぶ体験を、小さい頃から積み重ねていくうちに培われるものです。

子どもの興味や関心は、身のまわりにあるものから、太古や未来、空想の世界などにも広がります。外国の様子や宇宙空間などについても、知識を吸収していきます。

私も五年生のとき、先生から「この瞬間、目に見えている星の光は、何万年も前の光だよ」と聞かされ、驚愕したことを今でも鮮明に覚えています。その日、家に帰るとすぐさま母や兄たちに話して、夜空をしげしげと眺めたりしました。世の中には自分の知らない世界がいっぱい広がっているのだと感動したのです。

どうぞ、子どもに寄り添い、根気よくつき合って10歳の壁をクリアしてくださいね。

ところで、子どもの学力不足に気づいたら、すぐに追いつく手立てを思案して、即実行してください。**早期発見・早期対応が決め手**です。とくに算数は注意が必要です。積み重ねの科目なので、どこかでつまずくと、その先がわからなくなって、教室では見ているだけのお客さん状態になってしまいます。

発見・対応の手立ては、まず子どもに日頃の勉強の様子を聞いてみましょう。そして、教科書とテストの結果を照らし合わせて、理解不足の箇所を洗い出しましょう。問題点が見つかったら、「まだ間に合う」と子どもを励ましながら、理解できている箇所まで戻り、わかるまで説明して、必ずドリル等で類題を解かせます。学力不足が目立たないうちに、しっかりと穴をふさげば落ちこぼれにならずにすみます。理解が不十分であれば、前の学年に戻って学び直すことも大切です。

私が新卒で高校教員になった初年度、高校生一年生のクラスを受け持ちましたが、分数の足し算や通分の方法がわからない生徒がいました。高校受験は総合点で判定するので、数学の点数が低くても合格できたのでしょう。

数学の教員は「退学」を宣言しましたが、私はなんとか救いたいと思いました。自分のクラスから退学者を出すのは絶対イヤだったのです。

本人を呼び出して聞いてみたら、分数の意味そのものを理解していないことがわかりました。私の説明を聞いて、分数の意味をようやく納得したようです。

その日から３カ月間、毎日例題を作り宿題にしました。彼自身も退学を免れたいと思っていたのでしょう。まじめに毎日のドリルをこなして朝一番に見せにきました。

そして、ついに「なーんだ。やってみりゃ数学っておもしろいものだ」と、数学の真髄に開眼したのか（?）その2年後、高三の数学の実力テストでは400人中10番台に入ったそうです。「子どもはスイッチが入ったらすごい」と本当に驚きました。

その7年後、私が結婚退職して住んでいた住居に、突然本人から電話がかかってきました。実家にかけて私の連絡先を探したそうです。

「今、箱根に新婚旅行に来ています。どうしてもお礼を言いたかったのです。先生のおかげで、ぼくの人生が変わりました。本当に感謝しています。妻も先生の教え子です。電話変わります!」と、受話器の向こうで、声が弾んでいました。

分数の基礎は小学校三、四年生で学習してきたはずなのに、なぜ高校まで通過してきたのでしょうか。それは習い始めの小学校の段階で、本人も周りも分数の理解の定着度を点検しないで放置してきたからでしょう。

再度申しますが、おうちでも子どもの理解度を必ず確認してください。そして、学力不足に気がついたら、すぐに対策を練って、勉強量を増やして取り返しましょう。今からでも、間に合います。必ず!!

家庭学習と宿題

仲良しのママ友でしたが、家庭学習や宿題のことでは意見が分かれました。

「上の姉や兄も成績がいいのよ、Ｙもやる気になったらやるわよ。宿題なんて無理にしなくて大丈夫よ」と彼女は主張するのです。

「必要だから、先生は宿題を出すのよ。ほったらかしていたら学力がつかない」と、私が何度言っても聞き入れてくれませんでした。

　四年生になって、家庭学習の習慣もついていないし、宿題もしてこないＹ君は桁数の多い四則計算で遅れが目立ってきました。五年生で計算スピードを競う班別活動では、学力差がはっきり本人にも周りにもわかりました。でも、もう遅かったのです。

　彼が中学に入学した直後に、そのママ友から電話がかかってきました。「あなたの言われた通り、宿題をさせておけばよかった……」と後悔していました。

　まさしく、Ｙ君は「予習・復習、宿題、反復練習、テストのチェック」「家庭学習の時間の確保、習慣づけ」をしないパターンに陥ってしまったのです。

授業時間内では理解して、家庭学習や宿題で何度も練習して学力の定着を図っていますので、宿題は必要不可欠なのです。宿題をたくさん出す先生は後の採点も大変ですから、親たちは宿題を出す先生に感謝するという話もあります。

一方で、「子どもが宿題をやり終えたら、親がサインをする」という指示が出る学校が増えだして、忙しいおうちの人は悲鳴をあげているというウワサもあります。

宿題を出すのは、何とか基礎学力を身につけてほしいという先生の熱心さの表れでしょう。ですから、どれだけ多忙でもサインする機会をチャンスと考えて、子どもの理解度のチェックや間違いの発見、親子の会話を深めることに活用して下さい。間違って覚えてしまうと、修正するのに大変な労力と時間が必要なのですから。

一方で、塾が忙しいやら何やらで、宿題ができない子やしない子どもに代わって、絵日記や自由研究などを仕上げる宿題代行屋が流行っているそうです。わざと下手に仕上げるそうですが、先生にはわかってしまいます。代行屋のお金にまかせての解決は「百害あって一利なし」です。

それよりスキマ時間を上手に使い、今すぐに宿題をやるように応援しましょう。家庭学習で何度も繰り返すことで学力が定着し、早く正確に解けるようになります。**「授業で理解、家庭で練習」が学習の両輪**ですから。

本に親しもう――情緒と学力の源

本に親しむことで培われた語彙力や幅広い知識は「見える学力」として基礎的・基本的学力の源になりますが、本を最後まで読み切る忍耐力や集中力、想像力等は「見えにくい学力」として、充実した人生を送るための「生きる力」にもつながります。

私自身も本が大好きだったので、子どもたちにも伝えようと１歳前後から絵本の読み聞かせをしてきました。そのおかげなのか、本好きな子どもに育ちました。

息子３人は、お気に入りの本がそれぞれ違いましたね。長男は多分野・乱読型で、いろいろなジャンルのものを読み、幅広い知識を身につけるのが楽しかったようです。

次男は「桃太郎」のような勧善懲悪タイプの本が気に入り、３歳頃は友だちとチャンバラごっこに夢中で、小学校の頃には戦国武将に凝って歴史にもずいぶん詳しくなりました。こうして書物で知識を身につけたことが次男の好奇心に拍車をかけて、実際に出かけて確かめてみたいという行動に発展しました。

ちょうど、当時募集中だった旧国鉄チャレンジ2万キロのプログラムに便乗して、途中下車をしながら「お城めぐり」に凝りだしました。始点駅と終点駅で押したスタンプを集めると一線踏破としてカウントする、一種の「スタンプラリー」のようなプログラムです。「次はここがいい」と次男が行き先を選んで、家族で出かけました。

三男は兄たちが読んでいた植村直己の『北極圏1万2000キロ』を読んで影響されたのか、大学で探検部に入り、ベネゼエラのギアナ高原ロライマ山の当時未踏のグアチャロの洞窟を登破しました。2年前には南アフリカ大陸最高峰のキリマンジャロ山にも登ってきました。好きになったアウトドアの活動が、彼の卒業後の日常生活を豊かにしているようです。

ところで、学校現場では「朝のつどい」の時間に10分間の黙読や音読などに取り組んでいます。毎日10分ずつでも読めば「継続は力なり」です、続けて読むことで日本の子どもたちの学力がアップし、読解力や思考力が伸びたというわけです。国立教育政策研究所が国際学力テストの結果を分析してわかりました。

私の実践例です。1990年に朗読ボランティア団体を創設しました。15名で始めた会は今では50名以上になり、活動範囲は視覚障害者生活支援センターや福祉センター、乳児院・地域子育て支援センター、高齢者在宅サービスセンターなどに拡がっています。最初は「ボランティアは不要」と断られた乳児院でしたが、絵本読みや紙芝居を10年続けた頃に、福祉財団を通じて表彰状が届きました。「子どもの会話が増えた！」「表情が豊かになった！」「情緒が安定してきた！」などが表彰理由だったのです。

読み聞かせの力はすごいですね。情緒を育み、学力の源にもなります、何歳からでも遅くありません。今からでも実践すれば、本好きな子どもに育ちます。

高学年になって読書習慣が定着してくると集中力が高まり、読むスピードも速くなります。また、この頃は親子での楽しいおしゃべりが言語能力をアップさせてくれますので、学級会や討論会での発表にも自信がついてきます。この頃は、親からの独立心が育つ時期ですから、親は指導者ではなく、あくまでも子どもの目線（子どもの経験値）を考慮しながら討論することが大切です。

さて、子どもの頃から本に親しむ習慣が、大学生になった時にどのような力を発揮するのかと考えたことはありませんか。

国立大学法人Ｋ大学の報告によると、１９８８年以降の論文入試と一般入試の合格者の追跡調査を20年以上続けたところ、「読書好きで知識欲が旺盛で、目的意識をもって学生生活を送っている学生」が、論文入試合格者に多かったことが判明しました。

さらに「小～高校時代にも読書好きでクラブ・サークル・趣味活動など、勉強以外の活動にも積極的だった」と答えた人は、論文入試合格者の方が多かったのです。

大学への入学後、論文入試合格者の方が、勉強や研究、趣味などに重点をおいた学生生活をする人が多く、受験前に社会科学的な本を読んでいるため、大学の講義や論述試験が、容易に理解しやすいと答えています。

この調査からも、小～高校時代に培った「見えない学力」は、大学生になっても、その効果はしっかりと根を張っていることが判明しました。

読み書きできる力は、その人の品格や人となり（その人らしさ）を形づくるベースにもなっていきます。

小学校の時期に芽生えた集中力や好奇心、自己肯定感は、大学生になってもその力が発揮されるのです。私の経験ではこれらの能力は一生の宝ものになります。

子どもには、答えがわからないときは「後でね」と言ってもいいのです。それをきっかけにして、おうちの方もいっしょに楽しみながら、図書館の本やネット等で調べてみましょう。子どもだからと軽んじないで、誠実に答えることが重要です。

こうした大人の気持ちや姿勢が知らず知らずのうちに、以心伝心で本好きになり、勉強好きな子どもをつくっていきます。

好きになれば、自ら勉強するようになります。

本をたくさん読もう——読解力

私の父は10畳の部屋を図書室にして、天井まで本をぎっしりと並べていました。祖父も、私が帰宅すると「お帰り」といいながらも、目もくれずに岩波書店の赤いハードカバーの辞典を夢中になって読んでいました。

ところで、父の所蔵本は漢字が多くて、小学生の私には難しすぎました。

小学四年生のとき、職員室の隣にある部屋は何だろうと偶然入ったら図書室でした。以前から図書室はあったはずですが、私が友達との外遊びに夢中で気づかなかったのでしょう。

びっしりと並んでいる中で、「世界少年少女文学全集」「江戸川乱歩全集」「伝記物語」等を見つけて本を開いてみると、かわいい絵があちこちに入っているし、漢字にふりがなが付いているではありませんか！

私は興奮して、家に帰ってすぐに、高校生の次兄に報告しました。

「へぇー、図書室の本を見つけたのか、よかったなあ。全部読んじゃえ」

「うん、読む、読む」と、つい私はふたつ返事をしてしまい、その後は読書三昧の日々でした。図書係の先生は私の一途さにほだされたのか、沢山の冊数を一度に貸し出して下さったので、中学校の入学式までに読み切りました。小学生の意地ですね。

もちろん、図書室の本には習っていない漢字がたくさん出てきました。でも、数ページ先まで読んで振り返ると、「あー、こういう意味だったのだ」とわかるのです。

これは読解力といえます。私がむさぼり読んだ読書の積み重ねは、知らず知らずのうちに語彙数を増やし、好奇心や集中力を助長し、今でもずいぶん役立っています。

話は飛んで、結婚後に夫がブラジルに赴任した折、2年目は家族で赴任しました。高校二年生の長男はリオデジャネイロのアメリカンスクールに編入しました。編入試験の直前に、アメリカンスクールの先生がわが家の家庭教師に来てくれました。

「辞書を見るな、ひたすら英語の本を読め」が、そのときの指導方法だったのです。長男は分厚い英語ばかりの読み物を朝から晩まで読んでいました。

しばらくすると、「知らない英語の単語がいっぱい出てくるけど、数ページ先まで読んで振り返ると、英単語の意味がわかる」と、私と同じようなことを言い出しました。

国語の読解力は理科や社会に生かされ、また歴史等、他の分野への興味が拡がって相乗効果が発揮され、学力を育みます。

日本語も英語も読解力をつけるには、「たくさん読んでなんぼ！」です。ぜひ、本をたくさん読みましょう！

コミュニケーションのこと

子どもは獲得した「言語」を用いて、新しい外の世界を自分の中に取り入れたり、自分の考えを駆使して問題を解決したり、外の世界へと伝えたりしています。つまり、コミュニケーションをします。これによって、自分の考えや意見を表明したり、周囲の声を傾聴したり、プレゼンテーション、挨拶・言葉遣いの基本の習得、円滑な人間関係をつくる等の能力開発が可能になります。

対面のコミュニケーションでは、他の人からの言葉を聞く力、読む力と、他の人に対して話す力、書く力などが総合的に働いています。

今後、価値観や文化、歴史を異にする人々とともに未知の課題に取り組み、地球の未来を切り開いていく時にも、対面のコミュニケーションがますます重要になります。

ところが、昨今はメールやラインですませてしまう傾向があり、対面で伝え合う経験が乏しくなっているように感じます。少子化の進行や外遊びの減少などもあいまって、子どもたちのコミュニケーションの低下が懸念されています。

こうした現状を打開するため、学校では、ブレインストーミングやバズセッション、ディベート、ロールプレイングなどのワークショップを取り入れて、子どもたちのコミュニケーションの能力開発に努力しています。

もちろん、家庭でもコミュニケーションの力は開発できます。

ただし、親がいつも答えを用意し、子どもは「はい」「いいえ」としか言わないような「閉ざされた質問」ばかりの貧弱なコミュニケーションでは、言語能力も育ちません。大いに、丁々発止と親子で議論しましょう。

議論をする効果は、子どもが親を納得させるにはどういう話し方をすればよいか、どの順番で話を組み立てるべきかなど、瞬時に頭の中を整理して話す内容を考えるので、コミュニケーションの力が増進される点です。

おうちの方は話の腰を折ったり、先回りして子どものセリフまで取りあげたりしないで、きちんと最後まで耳を傾けてあげましょう。

ぜひ、日頃から積極的に親子で本に親しみ、読解力や表現力、語彙力などを培いましょう。食事どきには、その日の出来事や社会で起こっているさまざまな問題について、大いに語り合いましょう。

そのような働きかけが、学力増進にもよい影響を与えます。

ぜひ、家族でコミュニケーションの力を鍛え合う家庭教育を目指し、教育や文化を次の代につなげていけるように努力しましょう。

旅行に出かけよう――先行経験と追体験

高学年になると、修学旅行や移動教室を行いますが、その事前・事後に時間を取って学習をします。実は、この事前学習や事後学習は実体験を学力につなげる大変有効な学習なのです。

同じように、習う前や習った後に体験する「先行経験」や「追体験」も、とても学習効果が高く、意識的に取り入れたいものです。

五、六年生頃になると学習内容の範囲がぐんと広がります。地理や歴史の学習が始まりますので、連休や長期休みには特色ある地域への旅行がおすすめです。

家族で列車を乗り継いで、九州・四国・山陰・山陽地方や瀬戸内地方の縦断、東海・中部山岳地帯の横断などはいかがでしょう。重点的に三陸海岸線をたどってみたり、工業地帯を訪れたりするのもいいですね。夏の北海道もいいですね。

また、歴史の舞台であった土地、たとえば平城京のおかれた奈良の市街地の様子や仏教を背景とした天平文化遺産、平安京の名残が今も生きている京都の寺社仏閣、武家社会を築いた鎌倉時代の名残の史跡、豊臣秀吉の栄華の数々を追跡できる大阪城や堺市周辺、そして、２７０年も続いた江戸について足跡をたどることもできます。世界遺産を巡って、その意義や課題について考えるのもいいですね。

旅先では時間をかけて博物館や史跡を歩き、いにしえの人々がどんな思いで暮らしていたかと思いを馳せることもいいですね。事前には親子で話し合って情報を集めて計画を立てるのもいいですし、何より親子のコミュニケーションが密になります。

歴史マンガ本でもいいですし、インターネットで検索することもお勧めです。あらゆる手段を使って事前調査をすると、その調査自体が学びの機会になっています。

旅先では市内散歩や史跡・博物館には必ず立ち寄りましょう。その地方の歴史や成り立ちがよくわかります。また、旅行中に多くの人と触れ合ったり、出合ったアクシデントをとっさに切り抜けたりする経験は、子どもの能力開発に大いに役立ちます。あとで教科書に写真を見て、「あっ、ここに行ったことがある」と記憶が鮮やかによみがえってきます。また、授業の後に習った場所に出かけて、追体験をするのも有効です。その先行経験や追体験が雑学となり、勉強がおもしろくてたまらなくなります。

そのときはピンと来なくても、現場に行って自分の眼で見てきたことが、先行経験や追体験として授業に役に立ち、理解が深まります。

こうした先行体験や追体験を数多くして、刺激のシャワーを積極的に浴びた人は能力開発構造図（第２章表３）の生涯キャリア発達課題として挙げている自己教育力や向上心が高まり、知的好奇心が旺盛になり自己肯定感も持てるようになります。

第3章　もし、受験するなら

なぜ、受験するの？

中学受験をする理由は何でしょうか？

受験するか否かについての決定は家庭の教育方針によっても異なりますが、子どもの将来の人生設計に深く関わりますので、「なぜ中学受験をするのか」「目的は何か」について、子どもと一緒にご家族で考えてもらいたいと思います。

意見が合わない場合はとことん話し合ってください。考えがすれ違ったままでは、子どもが板挟みになり、余計なストレスを受けることになります。本人とおうちの方が息を合わせることが、とても大切です。

わが家の場合は、「節約しても教育費が最優先」という方針で夫婦が一致していました。もちろん、本人の意思が最優先です。息子たちの場合も最初から受験ありき、だったわけではありません。長男が３つめの小学校に転校して五年生になった頃、私がＰＴＡ役員をするようになってから、ママ友情報がたくさん入ってきました。「近所の中学校は先生が熱心だが、宿題が多くて偏差値重視、行動すべてが内申書に影響するのよ」と。これでは息子の個性が発揮できるのかなと疑問に思いました。

それに、この時期に人生や自己についてじっくり考えるには、６年間は必要だと以前から考えていたのです。そこで、わが家では「どのような中学校に行きたいか」と親子で模索し、「個性を充分に伸ばしたい」と願って中学受験を決意しました。

中学受験を決心した場合は、家族の支援が必要になると思います。家族中で話し合って、いったん受験させると決めた以上は子どもを励まし、協力して合格につなげる努力をしましょう。

つまり、受験する動機をしっかりと本人に確認してから準備に入り、本人の気持ちがしっかりと定まってくれれば、合格への可能性は大きく前進します。

準備の途中でも、「どうして、受けなくちゃいけないの？」と子どもが疑問を感じ始めたら、何度も家族でしっかりと話し合ってください、これが重要です。

もし、合格は難しいと感じたら、潔く中学受験から撤退する勇気も必要です。たとえば、「塾で忙しいから」と言い訳をして小学校の宿題をサボっているようだったら、無理をしている証拠です。つまり、小学校のふだんの授業の延長線上に中学受験があると考えましょう。

受験はイヤだという子どもと、受けさせたいと願う親が口論して子どもが精神的に不安定になり、中学受験に失敗した事例が何件か身近にありました。要注意です。

今一度、受験する理由を確かめましょう、受けるのは子ども本人ですから。

受けるなら、必勝の覚悟で！

次男は小学三年生までに3回転居して、朝から晩まで野球三昧の野球少年でした。本人ともども「どれくらい学力があるのか」と思案し、四年生の時に塾に入りました。六年生になった時に父親がブラジルに単身赴任し、父親が留守という気楽さと勉強の習慣が定着していなかったことから、放課後は必ず級友と野球をひとしきりして、塾には概ね1時間以上遅刻していく始末でした。

六年生の秋に、開成中学校の運動会を見学して感動し、「絶対に入りたい！」と心に決めたようです。その後の集中力は凄まじく、おかげで志望校に合格できました。

三男は父親の海外赴任に同道し、リオデジャネイロ日本人学校に四年生として1年間通いました。クラスの人数は17人。受験？　そんな話はタブーな状況でした。

級友同士で泊りっこ、土・日曜日はテニスクラブへ家族全員で出かけて夜は会食し、帰還は午後11時です。長い休みは国内やペルー、ボリビア、アルゼンチンへの旅行の日々で、ちなみに秋休み、カーニバル休みもあって、ふやけない方が不思議です。

五年生直前に帰国。真夜中のブラジルから塾に電話予約し、4月のテストを受けて入塾したものの、三男は周りの頑張りと自分とのギャップに唖然としたそうです。

塾長に「大陸的だ」と評されたノンビリ屋。なかなかエンジンがかからないので、本当にヒヤヒヤしましたが、六年生の夏休みになってようやく始動し始めました。

六年生の夏休みには、早寝早起きをして暑さと身体のリズムを合わせました。朝の涼しいうちに3時間、午後は1時間たっぷり昼寝して、頭をすっきり切り替えたら夕食まで3時間です。夕食後は12時まで4時間、合計10時間の勉強です。夜中の12時を過ぎると能率が落ちますので、割り切って寝かせてしまいましょう。

あるお母さんが「ウチの子はクラスで成績がいい方だから、受験したら受かると思っていたのに、全部ダメだったのよ」と言われました。この言葉にびっくり仰天しました。

「優秀だから」と気楽な気持ちで受験させるとうまくいきません。実際に受験するのは子どもです、「試しに受けさせた」などと言わないでください。

受けても、合格できる人の方が少ない状況が現実です。受験に失敗したことがきっかけで家庭内暴力が始まり、トラウマ状態から抜けられない人も現実にいます。

子どものプライドを守るためにも「必勝！」の覚悟で臨み、合格できないと思ったら、受験そのものを３年後に延ばしましょう。高校受験で巻き返せばよいのです。

「中学受験、受けるなら、受かれ！」、これが心からのエールです。

塾を選ぶとき

長男は小学校が３校目となり、不安定な学力を取り戻すために四年生の９月に塾探しを始めました。慣れていない新しい学校では、塾の話しを持ち出すような雰囲気ではなく苦労しました。まもなく、夫の知人から勧められて入塾しましたが、受講生が全国から集まっており、どこを志望する児童のための塾なのか、つかみどころがなくて半年で止めてしまいました。

その後、五年生の4月まで待って入った個人塾はとても素晴らしかったのです。息子は五年生なのに六年生の7人クラスにいれて、当時の『小学　算数完全500題』（文英堂）を徹底的に解かせたそうです。でも、喜んだのも束の間、先生の体調不良により五年生の終わりに閉塾されてしまいました。次に大手の日曜テスト会に入塾したものの、2〜3回出席して子どもが自らやめてしまいました。

六年生の5月に4つ目の塾で、ようやく親子で考えていた素晴らしい塾に巡り会えました。長男は水を得た魚のように生き生きとして、もちろん塾のある日には休まず出かけますし、塾の宿題は全部自分で解いていました。考えれば、本当にいろいろな塾があるものですね。

ぜひ、塾を選ぶときには先生方が意欲的で勢いがあって教育理念がはっきりしている塾を選びましょう。必ず説明会に参加して、不安や疑問点は質問して納得したうえで入塾させましょう。塾の参観日や個人面接には何をおいても出席して、的確な情報をもらってください。厳しい話も覚悟して、冷静なプロの意見に謙虚に耳を傾けることが合格への近道です。

つまり、**「しっかりと情報を集めて、子どもに合う塾を丹念に探す」「目的を明確にして塾に行く」ということが塾選びのコツ**ですね。

もう一つ大切なことは、小学校の授業と夕方から夜にかけての塾での学びが、子どもの体力面と精神面の双方で両立できるか否かということです。

長男は4つ目の塾に行きだしたら、「算数がこんなに面白いなんて！　早く中学へ行きたい」と初めて味わった勉強の醍醐味をしみじみ話します。その様子を見て、私は「これなら受験勉強もまんざら悪くない」と思いました。

これから中学受験をされる場合は、**子どもが本気で「合格したい！」「その学校にどうしても行きたい！」と決心して机に向かうことが大切**だと思います。

どうぞ、子どもの気持ちに沿って、心を込めて応援してあげて下さい。

塾のクラス分け

進学塾では、五年生の時期に基本的な解き方のパターンを網羅するようにカリキュラムが組んであります。五年生の課題を理解したという前提の基に、六年生のカリキュラムが積み重ねられていきますので、さぼらずに全部解いてみましょう。

そして、五年生の秋から冬にかけての教材は一気にむずかしくなってきます。この時期に気を緩めて手を抜くと、新六年生春のクラス分けテストで手痛い結果が出ます。

この時期あたりから、入試本番で合格する人と、悲しくも合格できない人との差が出てきます。成績優秀者表の登場メンバーにも交代がみられます。

つまり、塾での六年生の春のクラス分けテストでは、六年生になってから受験を決心した人や、他の塾から他流試合にやってくる人、遠隔地からでも意を決して難易度の高い塾を狙ってくる人などが入り乱れて入塾しますので、ここで勝ち抜いていかないと、本番の中学受験で太刀打ちできないということになります。

一方で、この時期に成績が良かったからとホッとして、以後の受験勉強をなめてかかり不合格になった人もいます。成績が悪かった人は、親子で危機感を持ってあれこれ対策を講じるのですが、判断を誤って失敗する例がかなりあります。

たとえば、親が不用意に塾を変えてしまう例、家庭教師を雇って親が安心してしまう等で、大人が先頭に立ち子どもの気持ちを阻害して、せっかくの実力をつぶしてしまうことにもつながります。

成績が下がったという理由で塾を替える人がいますが、よく考えてからされた方がよいと思います。なぜなら、新しい塾に移っても成績が安定するまで半年はかかるので、時間のロスにもなるし、精神的な負担にもなります。それよりも留まって成績を安定させる方が先決ではないでしょうか。

受験のための勉強では、合格への動機づけをはっきりさせる必要があります。「どこかに合格できたらいいなあ」という気持ちから、「何が何でも合格したい！絶対頑張るぞ！」と、気迫に満ちた受験生に変身していくためには、おうちの人の働きかけやあたたかい支援が大きな鍵になります。

麻布中学校を受験したY君。1月頃に親の方が弱気を出してしまいましたが、本人は頑として聞かなかったそうです。

「僕はどうしても麻布中へ行きたい」と初志貫徹して合格しました。自分で決めた志望校に入るため、弱気や辛さを吹き飛ばして合格したという嬉しい成功例ですね。

塾のテキストを活用しよう

塾で配布されている教材は、先生方が総力を挙げて作られるオリジナルのテキストです。「いったい何から、やればいいの？」というママ友からの問い合わせには、塾特製のオリジナルテキストをしっかりこなすように薦めています。

国語なら、塾のテキストとともに、漢字や長文の問題集、文法のまとめなどを平行して勉強していきます。算数なら、塾のテキスト以外に計算問題集はもちろん、たとえば『わかる！できる！応用自在』（学研）などの分厚い問題集を、毎日ページ数を決めてやります。

つまり、子どもが自分自身にノルマを課していくのです。

まず、勉強を始める前に、親子で相談して科目ごとの問題集の優先順位をつけます。そして、どの科目から優先して勉強するか、翌日の塾の時間割やテストの日程を考えて毎日のメニューを決めます。

子どもが勉強を始めたら、お母さんは家の中でウロウロしないことが大切です。ましてや、ママ友を呼んでおしゃべりに夢中なんてことは愚の骨頂です。子どもが精神的にも物理的にも勉強に集中できる環境を整えましょう。

でも、時間の管理はしっかりしてあげてください。買い物、昼寝、その他の用事は子どもが学校へ行っているうちにすませましょう。とくに、小さい兄弟がいるご家庭は、双方に配慮しなければなりませんので、工夫しましょう。

ところで、塾のテキストは解き終わった後はどのように整理していますか？「あのテキスト、整理に困って階段に積んでいたら2階までいっちゃったわ」と、笑っていたお母さんがいました。それでは、テキストが泣いてしまいます。

わが家では、塾のテキストはその日か翌日に解き終わったら、2穴パンチで穴をあけて黒紐で綴じます。もらってきた順番ではなく、算数や理科、国語は縦割りに分野別に綴じ直します。四～五年生時のテキストも一緒に分野別に綴じます。たとえば、算数なら、速さ、場合の数、割合、数の性質などというふうに、理科も分野がハッキリしているので、分類しやすいと思います。

塾のテストの前に分野別の復習ができるし、頭の整理もできます。もし、六年生のテキストで理解が不十分であれば、四～五年生時のテキストを直ぐに読み直せます。どのコースの人にもお勧めできる方法で、系統的な学習法といえます。絶対に効果あります。

もちろん、テキストをきちんと解いて、1日1日を大切にしていくことが大切です。

夏休みを10倍に生かそう

まず、六年生の夏休みの勉強時間を概算してみましょう、登校期間の３～４カ月分の勉強ができます。とくに、受験勉強のスタートが遅かったのんびりタイプの人には「最後の砦」になります。

次に過去のテスト結果を一覧し、間違いの多い分野を列挙します。暗記が嫌いでついつい避けてきたのなら、ここはもう観念して毎日ノルマを決めて徹底的に覚えます。

理解できない分野は五年生のテキストに戻るか、類題をイヤというほどやります。

成績優秀だったＩ君は、苦手分野の文章題をずるずると後回しにしていたのですが、入試本番で４問中２問が苦手分野から出題されました。頭の中が真っ白になったそうですが、試験場で反省しても、もう遅いのです。

また、夏休み中の「家族旅行」は我慢しましょう。意外にリズムが崩れてしまうものです。１泊旅行をすれば、「気持ちと体のリズム」が元に戻るのに１週間かかると考えてください。ここが大人と違うところです。

家族旅行は、入試後の楽しみにとっておきましょう。

夏休みには各教科とも、問題集を少なくとも1冊ずつは仕上げるつもりでかかってください。もちろん塾のテキストもきちんとこなしましょう。

考えても解けない問題の場合は、国語・理科・社会などは解答を見て、そこで何故間違ったのかを確認し、新しい知識を増やすつもりで学習します。

算数の解けない問題は、デッカイ印をつけておいて冬休みに再度挑戦してください。案外解けるものです。息子たちも、このような経験を何度もしました。

志望校の過去問題集も、とにかく毎日徹底的にやりましょう。

知人のお嬢さんは入試問題集（女子校編）を全部解いたと話していました。自分の志望校と同じタイプの学校の過去問を解くことが有効です。同じタイプの学校がわからない人は、遠慮せずに塾の先生に聞きましょう。

いくつもいくつも、問題量をこなすことで、自分の得手不得手がわかります。全国の近年の流行の問題も把握できますし、ひょっとしたら別の学校で出題された類題が、志望校で出たりするかもしれませんよ。

勉強量を増やしながら「学力貯金」を積んで、さらに学習の難易度を上げていきます。早速、今日から実行しましょう。

やはり、夏休みは正念場です！

六年生の秋から冬にかけて

六年生の秋は、夏休みに蓄積した「学力貯金」をさらに増やしていく時期です。テスト結果を目安にして、手ごたえがあれば強気の志望校を目標にしてもよいでしょう。

9～10月頃にはオールラウンドな勉強の総仕上げをしておいて、その次には志望校別の勉強を始めなければなりません。

最近の入試動向を見ながら、子どもに合う中学校を見つけるためにも秋頃に行われる中学校説明会にぜひ出席して下さい。説明会では、建学の精神や学校の歴史、教育理念、教育方針、カリキュラムなどの情報を直接聞くことができます。

志望校が複数の場合は比較検討する貴重な資料になります。フットワークを軽くし、有益な情報を多方面から集めて本人に提供することが家族にできる一番の支援です。

苦労して入学した後に、学校と相性が合わないといって辞めた人も年間に数人いることを聞くと、志望校は慎重に選ぶべきだと思います。

私も志望校の説明会に出席し、「こんな雰囲気だった」「校長先生がこう言われた」「こんな書類をもらった」と逐一、息子に報告しました。

志望校をしぼり込んだら、次に文化祭や体育祭に本人と一緒に見に行きましょう。文化祭では勇気を出して、展示室の物理実験の係や古本売り係、ゲーム係など、これぞと思う人に話しかけてみると、彼らは優しく説明してくれるし、道案内もしてくれます。学校の様子がとてもよくわかりますよ。

長男は武蔵中学校の文化祭に出かけて、「この中学のいいところは何ですか?」と聞いたら、在校生がいろいろと答えてくれたそうで、満足そうな顔をしていました。

三男も開成中学校の生徒主体の運動会で、在校生たちが大声で応援合戦をしている様子を目の当たりにして未来の自分に重ね合わせたのか、「絶対、この学校に入りたい!」という気持ちをはっきり意識したのか、勉強に取り組む姿勢がずいぶんと変わりました。合格へのモチベーションも一段とアップしたようです。

また、志望校訪問は実際に複数の学校に合格した場合に、どこに進学するか迷ったときも、本人の目で確かめた在校生の様子や学校の印象が選択の決め手になります。
また、早い時期に志望校を決めると、気持ちが落ちついて勉強に身が入るようになります。

しかし、どれだけ意志の強い子どもでも入試は未知の経験です。一番ストレスを感じているのは本人であることをわかってください。受験生の話を分析すると、六年生の秋から冬にかけてペースが乱れだし、そのまま受験本番までもつれ込んでしまったという例が多いようです。

「12月に子どもが受験するのはイヤだと言いだして、親子ゲンカしたのよ」と、ママ友が話されました。結果は、残念ながら全部不合格でした。この時期に心の隙が生ずると、必ずというほど成功しません。

また、Bさんは「女子学院がぴったり」と塾の先生に言われたが、「いや、双葉中にやりたいの」と親の好みを優先して受験させたところダメでした。よかれと思って親が主導されたのでしょうが、本人のためには何のプラスにもなっていなかったのです。

T君は、ぶっつけ本番で本命校を受けるのが不安だったので、「その前に違う学校を予備に受けさせて」と懇願しましたが、強気な母親に一喝されてしまいました。

「そんな遠くの学校、受けたって行かないでしょ？　必要ないわよ」と。

やがて、志望校の合格発表の日、自分の番号を見つけられなかった彼は、「なぜ、予備に受けさせてくれなかったのだ」と母親を恨んで荒れました。大きな声でわめいている様子を見て、母親はやっと彼の気持ちに気づきましたが、あとの祭りでした。

子どもの性格や現状は親が一番つかんでいるといっても独断は禁物、客観的な意見も参考にし、冷静な判断をしましょう。入試が終わってから反省しても遅いのです。

結論として、志望校の決定は充分に話し合って最終的には本人に決めさせましょう。うまくいかなかったときに、親のせいにされても困ります。

親が塾に不満を持ったり、親のエゴや見栄で志望校を強制したり、成績が上がらないからと転塾させたりしたための悲しい結果を、いくつも身近に見てきました。親のイライラは必ず子どもに伝染します。感情的にならずに日頃の生活を点検し、食生活と時間の管理をきちんとしてあげてください。それが最大の協力です。

この時期は精神的な支えが合否を大きく左右しますが、先回りして親が言い訳をしないことです。「うちの子は疲れていたから」「家でやるとできるのに」は禁句です。

子ども本人が自分を建て直すファイトを阻害してしまいます。どの子どもも同じ条件で受験するわけですので。

小学六年生はまだ子どもだと思っていたら大間違いです。この時期になると、厳しい塾の中での立ち位置や自分の特性を把握し、合否を真剣に分析しています。どうぞ、子どもの意思を大切にして、気持ちに寄り添ってあげてください。

志望校をいつまでも決めないと勉強に集中できなくなってしまいます。といっても、親の好みで決めるものではありません。

さらに、塾の個人面談では率直に相談しましょう。塾の先生は、子どもの個性や学力、学習方法などをよく把握されていますので、その子に向く学校はどこか、客観的に判断してくれます。謙虚に耳を傾けましょう。

そして、志望校に実際に出かけて、必ず本人やおうちの人の目で確認しましょう。

志望校の傾向と対策

志望校を決めたら、次に試験問題の傾向と対策を徹底的に練りながら実行します。

まず、毎日のように過去問題集を読んでながめて、志望校でよく出題される分野と子どもの到達度とを照らし合わせて、紙に書き出して検討します。

志望校のレベルに達するために、「何が足りないか」「残された時間で何をすべきか」を考えます。よく検討して分析したら、ここで逆算します。面倒でも、「これまでの勉強のやり方でよいのか、変更すべきか」を検証するわけです。

「塾のテキストが雨のように降ってきて、もうパニックだ」と、子どもの悲鳴が聞こえても、絶対にめげずに励ましてあげて下さい。

具体的には、志望校で出る算数の問題数分を、頻出分野から1題ずつ選んでセットします。「始め」「終わり」を合図して本番と同じように時間を計ります。志望校向けの手製模擬テストを、家庭でも組んで練習するのです。もちろん毎日やります。

国語の記述が苦手な子には長文問題を毎日解かせて、必ず親子で「どこが、どのように間違ったのか、なぜか」等と話しながら採点します。○×でなく、10点中何点というように到達度が解るような配点にします。

問題集は最初から順番に解いていくという発想はやめて、親が時間管理の支援をするということです。とくに、のんびり屋の子どもには本番と同じように時間を厳守して、全問が解けていなくても時間が来たら一旦止めて答え合わせをしましょう。

この方法は、時間の感覚を体にしみこませるように訓練するわけですから、お菓子をほおばりながら、テレビを見ながら問題を解くなどとは考えない方がいいですね。

また、「ウチは本人に任せているのよ」と親ものんきにしていると、入試までの準備がとても間に合わず、時間切れという事態になりかねません。

入試が終わってから、「もう少し時間があったら受かったのに」「本当はうちの子できるのだけど、あがってしまったのよ」などと、くだらない言い訳はやめましょう。

もし、勉強のやり方で困ったことがあったら、早めに遠慮なく相談しましょう。「この間のテストで番数が下がったから、恥ずかしい」などと考えずに、本音のところで話される方がよいと思います。

塾の先生方は、教え子が全員志望校に入ってほしい、そんな思いで日夜努力してくださっているのですから。

個人面談を大切にして、子どもの現状を冷静に把握して、実行に移しましょう。

スランプのとき――中学入試は親子受験

受験勉強は常に順調に進むわけではありません。勉強をする時間になっても気が滅入ってしまったり、理由もなくやる気が出なかったりという状態になる時もあります。

いわゆるスランプの状態ですね。そんなとき、周りの友だちが「順位が上がったぞ」と大喜びしていると余計に惨めになってしまいますよね。

たとえば、浮かぬ顔して帰宅したり、机に向かってぼおーっとして勉強に集中していなかったり、フワフワと落ち着かなかったりと、「いつもと違うな」と感じたら、恐らくそれがスランプの兆候です。

こんなときは「何か気にかかることがある？」とやさしく聞きましょう。本人が素直に話してくれたときは、真摯に耳を傾けて一緒に解決策を考えます。

しかし、自意識が芽生えるこの時期、案外言いたがらないお子さんもいます。何も話したがらないときは静かに観察しましょう。友だちとトラブルがあったのかもしれませんし、思ったよりもテストの点が悪くて落ち込んでいるのかもしれません。子どもによっては第二次性徴が始まり、体の変化に戸惑っているということもあります。

大切なことは、少しくらい成績が落ちたからといって周りがガタガタ言わないことです。本人がいちばん不安なのです、ここで親がうろたえると不安が倍増します。「順位が落ちたからといって、実力が落ちたわけじゃないから」と、おうちの人がどっしりと構えていると、子どもは安心し、やがて意欲を取り戻します。「やり直せばだいじょうぶ！」と自分の気持ちをリセットできます。

万が一、学校でのトラブルを抱えて帰ってきたときに、その場で感情的になって学校や先生のせいだと言って事を荒立てないことです。先生と親との関係は、先生と子どもとの関係に大きな影響を及ぼします。

受験勉強は大波小波、気持ちの曲がり角が何度もやってくると思ってください。

まずは、子どもの大好物の食事やデザートを準備して、英気を養うように協力してあげて下さい。水分補給も忘れずにお願いしますね。

じっと待つのは親として辛いのですが、待つべき時は待ち、引っ張るべき時はぐんと引っ張るタイミングを見極めることは大切です。そのタイミングを判断するのはお母さんやお父さんのあたたかくも鋭い観察眼です。

このような点が「中学入試は親子受験」といわれる所以です、どうぞ頑張って下さい。「メリハリのある生活と的確な助言」が何よりの特効薬です。

成績が伸びなくても、あわてない

11、12月頃になると日照時間が短くなり、冬の到来とともに焦りを感じます。子どもが「夏休みに頑張ったのに、テストではダメだ」と、ここへきて壁に突き当たっているような感じを味わい、それを見ている親の方もイライラしてしまいます。また、この時期は最終的に志望校を決定する時期です。積み重ねてきたはずの勉強の成果が出ないと合格への見通しがたちにくい時期です。だからこそ、おうちの人の精神的な支えが一番必要な時期なのです。

ある時、同じ塾のママ友が「塾でのテスト結果の成績順位が下がる度に、子どもが受験するのはイヤだと言いだし、順位があがると機嫌よくなるのよ」と、子どもが順位にとらわれている様子を話されました。

はっきり言って、成績の伸びには波があります。一直線に伸びていくものではありません。足ふみしているようですが、静かに深く考察している時もあります。少しくらい順位が上下しても勉強を積み重ねて、集中力が持続しているようであれば、一喜一憂する必要はないでしょう。

テストの成績の上下に動じずに、どん！　と構えていてください。家族の方がオロオロすると、子どもが勉強に集中できなくなってしまいます。大人の方が毎日ガミガミと愚痴を並べても効果がありません。

どれだけ意志の強いお子さんであっても入試は未知の経験ですし、一番ストレスを感じているのは本人であることを解ってあげて下さい。

わが家の例です。長男がリオデジャネイロのアメリカンスクールに通いだした頃、学校では一日中英語漬けの日々で苦しい時期を過ごしていました。帰宅してもソファーにぐったりと倒れ込む毎日でしたが、半年後に霧が晴れるように英語が理解できるようになったといいます。すぐには成績が伸びなくても、めげずに努力を続けていると、どこかでトンネルを抜けるところがあります。そこに行くまではあたたかく励ましてあげましょう。

子どもが苦しい時期を乗り越えることを支援するためにも、大人側がまず冷静になり、子どもの状況をよく観察して下さい。生活リズムが空回りしている時や体力不足で意欲が減退しているのであれば、まず健康管理について見直しましょう。

入試がすむまでは家族全員で風邪をひかぬようにお願いします。手洗いやうがいの励行、栄養バランスのよい食事を用意するなど、防御に努めましょう。

受験前の冬休み

六年生の冬休み前には学校でも個人面談があります。中学校を受験するか否か、どの学校を受験するかを担任の先生に伝えます。そして、取り寄せた受験申込書に添付する内申書の作成をお願いします。六年生の先生方は冬休みを返上して書いて下さっています。心から感謝してお願いしましょう。

この時期に、親子ともども気持ちを引き締めて、「どうしても合格したいのか」「どっちでもいいのか」「試しで受けるのか」を問い直してみましょう。

そして、「どうしても合格したい、受けたい」ということであれば、受験に突進していって下さい。でも、そうでなければ、今一度よく考えましょう。最後の決断です。

厳しいようですが、受けたら受かってほしいからです、この時期の決断は大切です。

最終的に受験することを決めたら、あと1カ月あまりの大切な一日一日を丁寧に過ごしてほしいと思います。

これまで、子どもの成功例や失敗例を見直して、なるべく成功例をイメージして、自力で考え、判断して、行動する習慣を今からつけておいてください。はじめての受験場で困った時にも慌てないように対処できるようにしておくといいと思います。

さて、冬休み。たった2週間でも「絶対志望校に入りたい！」という気持ちを強く持つと子どもは集中して勉強するので、驚くほど力がつきます。

一方で、子ども自身が伸び悩んで苦しんでいる様子がわかった時は、あたたかく励ましてあげましょう。本人がいちばん悩んでいるのですから、責めないで下さい。「解き直してみたらどうかな?」「どんな勉強法にしたらいいかな?」という具合に、前向きになれる言葉をかけましょう。

また、勉強量が圧倒的に足りないこともあります。そんなときは、ドリルや問題集をどんどん解いていくしかありません。家族の方は時間の管理をしてあげて下さい。

その調子で努力していけば、必ずトンネルを抜けられます。**困難を乗り越えるには、親の愛情と声かけがいちばんです。**

夏休み同様に、冬休みも大きな山場です。頑張って下さい。

願書受付

いよいよ、多くの中学校で一斉に願書受付けが始まります。

学校によっては願書受付が例年より早まる場合もあり、親がうっかりして提出日を間違い、間に合わなかった例もあります。念には念を入れましょう。

また中学校によっては、願書に「志望理由、他の受験校と志望順」を書き込む欄がある場合があります。志望理由は学校要覧などを見て教育方針を把握し、心を込めてお世話になりたい旨を書いて下さい。

また、国立大学附属中学校等には居住地の受験可能範囲が決まっている場合がありますので、きちんと確認してから出かけることです。範囲外なのに、こっそり住所を偽って受験した例もあるそうです。

しかし、入試に合格して通学しだすと必ずわかってしまうそうです。もちろん退学だそうで、せっかく仲良くなりかけた級友と別れて、どこの中学校へ行くのでしょうか。子どもが6年間通学するだけではなく、本人の卒業後の生き方にもかかわってきますので、心したいものです。

そして、いよいよ願書受付の日。緊張する朝です。もう一度、書き込んだ字に間違いはないか、印鑑は押してあるか等、念には念を入れて確かめてから出かけましょう。

私は息子3人を合わせると国立大附属や私立中学校への願書提出等に合計して12回ほど出かけましたが、出勤途中らしき保護者が願書を提出するために並んでいても、受付で書類不備を指摘されて出直す人を何度も見たことがあります。

さて、受験日が刻々と迫ってくると、教室も塾も落ち着かない雰囲気になってきます。「あの子は慶応らしい」「あの子は女子学院よ」などと、噂が飛び交ったり、焦っている友だちがけん制してきたりとざわつき始め、学校を休む子どもも増えます。

「あの子は、桜蔭中を受けるらしいわよ。負けちゃダメよ」と子どもにハッパをかけても、最後は本人の力にしか頼れないわけですから、よその子と比較しても何の解決にもならないということを理解しましょう。

中傷や噂、よその子の成績が上がったことなんぞに惑わされず、雰囲気にのまれずに、いつも通りに過ごしましょう。

おうちの人が冷静な態度を保ってふだんと同じように接していると、子どもの心も安定し、勉強に集中できます。わが子が実力を出し切れるようにと、それだけを考えてサポートをしてください。

私は、**観察は子育ての第一歩**だと思っています。とくに受験前は、注意深く子どもたちの様子を見守りました。子どもが机に向かっていても集中できていないような時や風邪っぽい時には、さっさと寝かせました。

ときには、にわか指圧師となって、子どもの耳の後ろや肩、腰、足の裏など、リクエストに合わせて、どんどん指圧してあげました。これは、スキンシップにもなり、子どもの緊張がとれてぐっすり眠れたと喜んでくれました。

正月を過ぎたら、夜型から朝型の勉強に切り替えるとよいといわれますが、個人差があるので、各人に合った方法を選びましょう。

ただし、本番の2日くらい前になったら、朝早く始まる入試に合わせたタイムテーブルを心がけ、身体の調子も合わせていきましょう。

入試前日は、いつもどおりに淡々と過ごします。夜には翌日の準備を整え、ふだんより少しだけ早く就寝させます。

「**ベストを尽くして、天命を待つのみ**」です。

入試本番

入試の朝です。

あわてず、さわがず、平常心が肝要です。

「誰だって緊張している！　自分だけじゃない」と念じて、いざ出発です。

受験校に到着すると、子どもはすぐ試験会場に入ってしまいます。待ち合わせ場所など伝える事があれば早目に済ませましょう。

また、保護者側はテスト中に時間を持て余してしまうのも事実ですが、何とか工夫して控え室で待機してあげて下さい。

たとえば、過去にも大雪で入試の時間がずれたり、翌日に延期されたりのハプニングが起こったことがあります。今後も、急な事態が発生する場合があるかもしれません。

緊急事態にもすぐ対応できるように、校内放送が聞こえる範囲で待機することが大切です。以前に一度、国立大附属中学校の試験中に、受験生の急な体調不良で付き添いの保護者が校内放送で呼び出されたケースがありました。

大学受験ならいざ知らず、小学六年生では受験中のアクシデントには、できるだけ保護者の方が付き添ってあげて下さい。

それから、願書提出時に記載した「志望理由」「他の受験校と志望順」について面接の時に聞く学校もあります。面接の準備も親子で練習しておきましょう。

息子三人は私立中学だけでなく、筑波大学附属駒場中学校にも受かっていましたが、複数の中学校に合格し、進学先に迷った時の決め手になったのは、文化祭や入試会場で、それぞれの在校生にその学校の良いところを直接いろいろと取材していたことだったようです。

ぜひ、願書を出す前に親子でよく話し合って、確認し合っておいて下さい。

不合格でも、学力貯金が残る

待ちに待った発表の瞬間！　早くから集まった親子づれ、塾の先生、報道関係者などで混雑している会場で、入試担当者が合格発表者の一覧表を壁に貼ります。

「やった、やったあ！　合格だぞ」「ある、ある！」と、あちこちで叫び声があがり、それを撮影しようとカメラ隊が動くので、またごったがえしてしまいます。なかには、わが子の番号を見つけて淡々とした表情で合格通知をもらいに行く保護者もいますが、何度見直してもやっぱり番号がないという人はすぐにその場を離れていく場合が多いようです。

本当に残酷な話ですが、親子で必死になって頑張ったのに、入試ですから不本意ながら不合格の場合があります。我こそはと思って受験したのに、結果として近くの公立中学校に行き、受験しなかった級友と一緒に通う場合もあります。

その時に「落ちるなんてみっともない」「親のいう事を聞かなかったから悪いのよ」などと子どもを責めるようなことは口が裂けても言わないでください。落胆する気持ちはわかりますが、子どもは傷つき「受けたくなかったのに、親のせいだ」と親を恨むようになります。

逆に、「もっと協力してあげたらよかった。お母さんのせいよ、ごめんね」などと謝った結果、不本意な中学校へ入学してから本人が荒れてしまい、家庭内暴力や登校拒否に陥った例も何件か知っています。

入試に至るまでは周りの協力も必要ですが、最後は本人の責任において受験しているわけですから、絶対に責任転嫁はさせないことです。

もし、子どもが落ち込んでいたら、「受験に失敗したくらいで、メソメソするな」と一喝して、長い人生の中でこれもひとつの経験だと教えてあげて下さい。そのほうが早く気持ちを切り替えられます。

不合格といえども今まで勉強してきた事は「**学力貯金**」となって、その子を支えてくれます。高校受験、大学受験もあります。さらに、まったく違う道もあります。「今までよく頑張ったね。残念だけど、これまでの勉強は絶対、あなたの役に立つから。長い人生、これも経験のひとつだよ。頑張ってやっていこう」と励ましてあげましょう。

いつか、この経験が違うチャンスのきっかけになり、次のステップへとつなげて行けるかもしれません、次のチャレンジに心から期待しています。

受験勉強は自立への好機

中学受験の準備をする時期は子どもが親から自立していく年齢と重なり、子どもにとって人生の節目でもあると思います。

小学校卒業の前には学びを総ざらいしておきたいものです。６年間に培った能力は基礎的・基本的な知識・技能ばかりでなく、課題を解決するために必要な思考力・判断力・表現力、主体的に学習に取り組む態度や意欲など、学力の３要素を手に入れてきたはずです。つまり、「見える学力」だけでなく「見えにくい学力」も刺激して「生きる力」につなげてきたと思います。

実は大方の中学校では、小学校時代の学びがきちんと身についているか否かと、一年生の４月に生徒の理解度を確認します。理解度があまりにもひどい状態ですと「中１プロブレム」などと言われたりします。

そういう視点から考えると、中学受験の準備期間には小学校課程をまんべんなく、すみずみまで系統的に学ぶことで頭の中が整理できるし、集中力もつきます。

入試に出される問題も論理的思考力や問題解決能力などを活用して解いていくので、中学校に入学しても大学生になっても、就職してからも学力貯金は何度でも引き出して使うことができます。そして、その自己肯定感が後の人生に大きな成果をもたらします。

ですから、中学受験に不合格でも準備期間に頑張った努力に乾杯したいですね。不合格の場合は学力が足らなかったからではなく、その中学校に縁がなかったのだと割り切りましょう。

一生懸命努力したのに手が届かなかったという苦い経験が、次のチャンスや他の新しい道へつながるように子どもを導いてあげてください。

塾では自分の学校以外の友人もできるし、塾の先生との出会いや学びを通して自分の将来について真剣に考える機会があります。将来について自分なりに分析し、自分探しをすることは精神的自立への一歩を踏み出すためのキャリア開発になります。

次男の場合は、中学校入学とブラジルへの家族赴任の時期が重なりました。塾での仲間との信頼関係の方が深かったのでしょう。合格後は仲間と同じ中学校に行きたいために、ブラジルに行かないで祖母・祖父と一緒に日本に残り、私立中学校に進学することを本人が決めました。

わが家が中学受験を経験したメリットは、「勉強量が自然に多くなった」「勉強が楽しいと子ども自身が心から実感した」「親からの自立をし始めた」などでしょうか。

どうぞ、中学受験が自立へのチャンスになるようにお祈りしています。

第4章　学校生活をしっかりサポート

小一プロブレム

子どもたちは戸惑いながらも、少しずつ新しい学校生活に順応していくはずですが、うまくいかないときもあります。ぜひ、子どもの帰宅時には顔色や言動に心を配って下さい。

新しい環境への順応力は、上に姉や兄がいるか、これまで規則正しい生活をしてきたか、どのような育て方だったのかなどで、個人差があります。

たとえば、騒いでもよい時と我慢すべき時のけじめがつくような子どもなら、すぐ慣れます。一方、常に指示されてから行動する子どもは、自ら考え判断し、行動する習慣が身についていないので、ストレスがたまって疲れてしまいます。

　また、朝食抜きで登校し、授業中にイライラして級友にちょっかいをかけたり、立ち歩いたりして我慢ができないなど、学校生活で問題視されるケースを総称して「小一プロブレム」と呼んでいます。その原因には発達障害のように個人の特性に基づく場合もありますが、ここでは基本的生活習慣の欠如を例に挙げます。

　基本的生活習慣は、一人で顔を洗う、歯を磨く、箸を使って食べる、服の脱ぎ着、靴を履く、ボタンやファスナーを操作する、風呂で身体を洗う、排泄のしまつをするなどです。箸やハサミ、ナイフなどが上手に使えるか否かは、学力や人間形成とは関係ないように思われがちですが、間接的に影響を及ぼしていきます。

　もし、箸の使い方が下手で食べこぼしがひどかったり、食べるのに時間がかかりすぎたりすると、「汚い」「何をやってもぐず」などとからかわれる原因になり、いじめのきっかけになる場合もあります。そのうち上達するだろうと思っていると、子どもの世界はシビアですから、ちょっとしたきっかけで、冷やかされたり、仲間はずれにされてしまいます。

　ですので、おうちの方は、子どもの基本的生活習慣をおろそかにしないでください。

　私は、息子たちが５歳の誕生日を迎えた日には、「お兄ちゃんになったから、立派に使えると思うよ」といってリンゴの皮むきを教えました。右手と左手の連携が必要な皮むきは、難易度は高いですが、やってみれば5歳児でも充分にできます。

次男は遊びに来た幼稚園の同級生に、下手ながらも、ゴリゴリとリンゴの皮をむいてふるまいました。夕方、その友だちは自宅に帰ると、「リンゴの皮をむいてもらって、ごちそうになった」と興奮気味に話していたそうです。

「小一プロブレム」の解決策は、まずは基本的生活習慣の点検から始めましょう。

小学校生活は6年間もあります。今からやれば、充分間に合います！

あいさつは3つめが大事

校門の前で、先生方が子どもたちに朝のあいさつをされている光景を見かけます。変わりないか、元気かとあいさつしながら子どもたちの様子を観ていらっしゃるのです。その時、「3つめのあいさつを大切にして」と先生方にお願いしています。

まず、「おはよう」「おはようございます」のあとに、「今日もがんばろうね」とか「今日は元気だね」などと、**3つめの声かけをすること**です。

子どもはうなずいたり、にこっと笑ったりと心の中で何かの反応を返しています。私はこの話術を、司会者として人気がある、タモリさんや明石家さんまさんから学びました。テレビでお二人を観察しているうちに、あることを発見したのです。タモリさんはまず、「みなさん、こんにちは～」と、切り出します。すると、会場のお客さんも「こんにちは～」と返します。

間髪入れず「みなさん、今日はいかがですか～？」と、タモリさんは次の言葉を発します。これによって、なごやかな親しみやすい雰囲気がかもし出されます。

同様に、さんまさんもあいさつだけで終わらせず、３つめの言葉を上手に発信し、すかさず４つめの言葉も繰り出して、どんどん会話をつなげていきます。

「なるほど、これがコツなのだ」と、私は得心したのです。

学校でも、このコミュニケーション術を取り入れたらいかがでしょうか。

子どもは子どもなりに朝起きて家を出るまでの間も、いろいろと気を遣っています。朝食が間に合わなかった、トイレに行く時間がなかった、夫婦げんかしていた、親が先に出かけた、鍵を閉め忘れないように言われた等など、何かしら家庭の朝の状況を引きずりながら登校してくるのです。

そんな日の朝、先生が「今日は大好きな体育があるぞ、がんばろうな」とか、「おっ青い服、涼しそうだな」などと、子どもの状況に合った声をかけると、子どもは気持ちがリセットされ、元気にその日を過ごせます。

3つめのあいさつが、「顔の見える教育」の第一歩です。そして、子どもが朝学校に来たときより、下校時にはもっと元気にして帰すことができたら、本当のプロの先生だと思います。

家庭でも、子どもが帰宅したら「ただいま」「おかえり」の次に、3つめの声かけをするように心がけてください。

「今日は寒かったね」「今日の給食はどうだった?」など、何気ない言葉でいいのです。子どもは必ず心と身体で反応し、緊張が解けて会話が続きます。学校でいやなことがあっても、おしゃべりをしているうちに、必ず「笑顔と元気」をとりもどします。

他の子とくらべないで

「あの子は、この前のテスト満点だったみたいよ、見習ったら?」

お母さんとしては、なんとかわが子を奮起させたくて言ってしまうのでしょうが、こんな皮肉を子どもが快く思うわけがありませんよね。

「どうせ、ぼくはバカだから」といじけて、かえってやる気をなくすか反発するだけです。また、お母さん自身も「あの子に負けた」「この子より下手」とストレスがたまります。すべての子に、あらゆることで勝ち続けるなんて不可能だ、と早く気づきましょう。

他の子と比べるのではなく、**本人の昨日と今日と明日を比べましょう**。その子なりに努力して、成長しているかどうかを見てあげることが大切です。

また、兄弟を比べるようなこんな言葉もご法度です。

「弟に負けるなんて情けない。もっとしっかりしなさい」

「はきはきと、お姉ちゃんみたいに返事をしなさい」

ダメ出しされた子どもは、自分は親にあまり愛されていないのではないかと傷つきます。それぞれの子どもの長所を認めて、できるだけ平等に接するように心がけてください。

ただ、問題なのは、大人側がそれと気づかないケースです。

たとえば、姉と妹がけんかするといつも妹をかばう、妹のおねだりは聞いてやるのに姉にはがまんさせる、などということはありませんか？

お姉ちゃんだって、お母さんに甘えたいときは甘えたいし、泣きたいときは思いっきり泣きたいですよね。

実は、わが家の長男が小学一年生の頃に、公文教室の先生から言われました。

「お兄ちゃんだからと年齢以上に扱いすぎていませんか？　まだお母さんに甘えたい年頃だと思いますよ」

はっとしました。次男が2歳、三男が0歳で、手がかかる時期でした。長男は何も言いませんでしたが、甘えたいのをがまんしていたのでしょう。私は大いに反省し、この助言に心から感謝し、子どものレベルに合わせてつきあう必要性を学びました。

このように、身近にいるだれかが気づいて助言してくれれば軌道修正を図れます。ぜひ、一人で子育てを抱え込まないで家族や地域の方を巻き込みましょう。

ママ友とも競い合うのではなく、保護者同士でも情報を共有して育てるという意識をもつと前向きになれます。

問題行動が多いとき

子どもがうそをついたり、わざといたずらをしたり、弱い者いじめをすると注意したくなります。でも、やみくもに注意しても効果がありません。

これらの問題行動には必ず理由があり、子どものＳＯＳや寂しさ、ストレスなどが隠されています。目に見える行動ばかりにとらわれずに、本当の欲求や気持ちを探しましょう。

問題行動とは、自分の行動を正当化する（合理化）、周囲の関心を自分に向けたい（注意獲得）、注意を困難なことから逃げて孤立・拒否する（逃避）、意識と反対の行動をとる（反動）、劣等感を持っていることと別のところで頑張る（補償）、社会的に意味のあることに熱中する（昇華）などで、本当は子どもが自分を無意識に守ろうとしている「防衛反応」であると理解しましょう。

具体的には、過保護でいつも甘やかしていると依頼心が強くなったり、自分の思いどおりにならないとかんしゃくを起こしたりしがちです。

愛情不足のときは、お母さんの気を引きたくて、しょっちゅう忘れ物をしたり、泣いたりわめいたり、親のいないところで妹や弟をいじめたりします。

また、おうちの人がいつも他の子と比べたり、点数にこだわったり、競争意識があまりにも強いとうそをつくようになったり、極度の緊張症（チック）を発症することもあります。小学校の頃だけでなく、大人になっても治らないままで引きずっていく人もいます。早いうちに強度の緊張を和らげてあげることが必要です。

このような時には、子どもの話をよく聞いてスキンシップを心がけて、必要なことだけを言ってあとは子どもを信頼するようにしましょう。そして、時間がかかっても本人に最後までやらせて、達成感を味わわせてあげることも大切です。

家族仲が悪いと子どもは情緒不安定になります。できるだけ、家庭円満を心がけ、愛情を十分にかけて一貫したしつけをすることが肝要です。

学校では、先生に注意されたくて授業中に私語をしたり、先生が見ていることを意識しながらふざけたり、友だちにちょっかいを出したりと、いけないこととわかっているのに、先生から叱られることで愛情を確認するということもあります。

日常生活の中で問題行動を防ぐには、「幼児期から適度な我慢の経験」「愛情が充分に満たされている」「しつけや訓練が一貫していること」など、欲求不満への耐性を育てておくことが必要です。

心身の不調に気づいたら

朝、子どもが学校に行く時間になっても、「頭が痛い、お腹が痛いから学校に行きたくない」など言い出したら、いつもより注意して子どもの様子を観察し、「どんな気分なの？」「いつからそう思うの？」などとやさしく聞いてみましょう。

こころと身体は密接につながっています。大人でも気分がすぐれない時は身体の具合が悪くなってしまい、逆に体調によって気分が左右されることがありますよね。

まして、子どもはもっと敏感に、周囲の環境の変化やストレスに反応しています。大人が思いつかないことが原因になっている場合もあります。

まず、子どもの話をよく聞いて、遅刻してでも学校に行けそうだったら登校させて、担任の先生には必ず事情を話して、学校でも様子を見てもらいましょう。

ママ友や友だちから違う視点でもらう意見も参考になります。いじめがあったとか、ケンカをしたなど、「頭が痛い、お腹が痛い」の原因の一部がわかることもあります。

しかし、心身の不調を訴える日が続いたら要注意です。まずは担任や養護の先生、ソーシャルワーカーにも様子を聞き、病気の心配があれば診察を受けましょう。

さらに、子ども総合センター、教育センター相談室なども、必ず秘密保持をしますので遠慮なく相談してください。

多角的な角度から判断し、対応の方針が出たら、しっかりとお子さんに寄り添ってあげてください。子どもや自分を責めるのではなく、次につながるために即行動です。

先般、内閣府が「9月1日は1年中で18歳以下の自殺者が突出して多く、他の日の2・6倍」（2015　自殺対策白書）と発表しました。

要因は「いじめ、学友との不和」もありますが、「学業不振、親子間の不和、家族からの叱責」が大きな比率を占めています。とくに中高生は「学業不振」「進路の悩み」の割合が高く、学校や家庭の中で「子どもの逃げ場がない状態」と指摘されています。

子どもの周りには、「親」「友だち」「先生」の三者が存在しています。何かトラブルが起きても、親や友だちや先生が支援することで立ち直れます。

こういう時代だからこそ、子どもが楽しんで学校に通うには、学校・家庭・地域でのチームワークが大切です。親も、できるだけ授業参観や保護者会には顔を出してください。

「働いているから、忙しいから」と言わずに、頑張って出かけて子ども同士の会話や行動をよく観察してください。自分の子どもの立ち位置や友だちとの信頼関係の度合いがとてもよくわかり、不調の原因にも気づくことができるかもしれません。

不登校児になる前に

子どもが元気のない時は、クラスでの会話が進むように「花壇の花は咲いたかな？」「池の魚は元気かな？」などと話題を提供しながら学校へ送り出しましょう。

でも、友人の話をしなくなり、勉強が手につかない状況がつづいて、「行く気になったら行けばいい」と言っている間に１カ月以上が経ち、不登校児といわれるようになってしまうケースが少なくありません。フリースクールや地域の支援団体との交流があればまだしも、多くの人は家に引きこもってしまう事態につながっていきます。

近年の傾向では、学校になじめない子どもばかりでなく、何でもテキパキとこなすクラスのムードメーカーの子どもが、不登校になってしまったケースもあります。

現実に不登校状態になってしまった場合、復帰して学校に通い出す状態に戻すには本当に時間と労力がかかります、ぜひ未然に防ぎたいものです。

不登校児童は、全国で2万7581人（文部科学省「児童生徒の問題行動等生徒指導上の諸問題に関する調査」2015）です。その要因は「不安の傾向」の子どもが33・7％でもっとも多く、その内訳は多い順に「進路にかかわる不安」「入学・転学・進級時の不適応」です。次いで「無気力の傾向」にある子どもが28・6％で、内訳は多い順に「学業不振」「家庭に係る状況」です。

実は、不登校の裏に本当に深刻な問題が隠れているケースがあります。どうしても行きたがらない場合は、注意深く子どもの様子を見守り、担任やママ友、子どもの友だちからも客観的な情報を集めましょう。

ふだん、子どもの周りには「親」「友だち」「先生」がいます。トラブルによって友だちとの絆が中断しても、親や先生が関係修復を支援することで立ち直れます。一方で、友だちだけではなく、先生との関係も途切れたときは「何があっても、必ずお父さんとお母さんが守るから」と励まし、絶望しないようにしっかり支えてあげてください。

家庭に問題があって不登校になるケースでは、夫婦仲が悪いと、子どもが学校に行っている間にお母さんが出て行ってしまうのではないかと心配して、行けなくなることがあります。子どもにしてみれば、家に帰ればいつでもお父さんやお母さん、家族があたたかく迎えてくれると信じられるからこそ、安心して外に出られるのです。

日頃からの親子の楽しい会話、家庭円満も不登校を回避する重要なポイントになります。ぜひ、今からでも間に合います、親子の会話を深めましょう。

ニートにならないために

近年、ニート（ＮＥＥＴ＝Not in Employment, Education or Training 若年無業者）の長期化が社会問題になっています。ニートとは「就業も就学も職業訓練もしていない15歳～34歳の若年無業者」と定義されており、厚生労働省は２０１６年度には57万人を数え、35歳以上は１２３万人と発表しています。

私はある自治体から依頼を受けてニートの人を対象に聞き取り調査（１３４人、２

007）をしました。その結果をまとめて行政に提言しましたところ、予算がついて青少年自立支援センターが創設されました。年々、相談者が増えているそうです。

アンケート調査では、支援団体が各自宅を訪問して話を聞きました。80項目ありますが、とくに気になったところについて紹介します。

「ふだんは何処で、何をしているか」とたずねたところ、約78％が自宅で過ごすと答え、多い順に「テレビ・ビデオをみる」「読書（漫画・雑誌等）、パソコン、ゲーム」等で過ごしています。一方で「昼寝、何もしない」という回答は約14％、無回答が約4％です。そして、家族が作った食事を自宅で一緒に食べる人が多く、約96％です。

「現在の状態になったきっかけ」については、小中学校時代の「不登校・ひきこもり経験、心身の不調」が合わせて半分以上を占めており、20代後半以降は職場でのつまずきが現在の状況につながっているとのことです。

「自分の考えや思い」についてたずねると、多い順に「社会に出ることに不安がある」47％、「人と一緒より自分一人でいる方が好き」33％、「一人で生きていく自信がない」と「自信をもってやれるものは何もない」が同じく31％です。

「仕事について困っていることや不安なこと」については、多い順に「仕事に就いても人間関係をうまくやっていく自信がない」「仕事をしたいが自分の能力に自信がない」「自分の能力・適性がわからない」という回答で、自分の能力開発や人間関係に負担感を持っていることがわかります。

最近１年間の地域活動については「まったく参加していない」が42％で、地域の中で家族と暮らしていても、家族以外の人との接触が少ないのです。

以上の結果を受けて課題を整理し、改善のための提言をまとめました。

まず「自立の遅れ、社会からの孤立」の課題には、「不登校・ひきこもりの自立支援、早寝・早起き・朝ごはんの習慣づくり」等、小学校時代からの支援が必要です。

また、「パソコン等で文書作成」「インターネットで情報収集」ができないと回答した人が多く、ＩＴに関する能力が不十分であるといえます。もし、働く意欲が高まっても「専門知識や技術・技能の習得」が不足しているために就職につながらないのです。近年は若者の自立支援の施策も推進され、職業訓練の機会も増えましたが、実際に就職できた人は数少ない状況です。

さらに、心身に不健康を訴えても本人が心療内科に行きたがらないという現実があります。改善策として、市民健康診断の折に心的健康診断をする専門家の配置を提案したいと思います。「早期発見、早期対応」が重要なカギだと思うからです。

当事者のところに情報が十分に行き渡っていないと考えている人が多いので、もっと「届ける支援」を進めていく必要があります。

結論として、ニートになってからの対処法も大切ですが、小学校在学中から「生きる力」を育てて、ニートにならないための予防策が重要であると実感しました。

つまり、小学校において各教科を系統的に学んで基礎的・基本的な知識を身に付け、さらに自己肯定感や意欲、集中力、責任感、コミュニケーション力などのさまざまな能力を開発しておくことが大切だということです。

そのためにも、学校・家庭・地域が連携して子どもたちを支えていくことが不可欠です。キャリア教育の視点から、私は「循環型教育」を提唱しています。

循環型教育とは「あらゆる時期や機会、あらゆる人々の間で〝教育を受ける人〟と〝教育を授ける人〟が学び合い、その学びが互いに循環する教育」のことです。

具体的には、級友同士、上級生と下級生、児童と先生の間で行われる教育が一方向だけでなく、互いに循環して学びが深化することです。例として、一年生から六年生の縦割りのグループで掃除や運動会の応援などをする「学校きょうだいづくり」「先輩から後輩への学習補助、読み聞かせ」等が挙げられます。

家庭内では祖父母や親から子へ、子から親へと、対話と団らんをしながら学び合うことです。たとえば、基本的生活習慣の定着、確かな学力と豊かな人間性の育成、学習の習慣づけ等は家族間による循環型教育によって育まれます。

地域社会では異業種・異年齢による直接対話で学び合うことで、「自己や他者理解、自己教育力、アイデンティティの確立、生きがい、生涯学習の継続」等、第２章で述べたような生涯発達課題が達成される機会が増えます。

とくに年長者からの学びは子どもにとって大きな励みになり、ロールモデルとなって職業選択の可能性も拡がり、文化や教育が次代に継承されていきます。一方で、年長者も子どもたちからの斬新な発想に刺激されて、生きがいを感じ、ネットワークが拡がって友だちが増えていくこと等が挙げられます。

これからも、学校・家庭・地域の連携を強化して見守りを続けていきましょう。

授業が成り立たないとき

三男が小学三年生のとき、進学塾に通っている男児が黒板上で先生が計算を間違えたことに気づき、「間違えた、間違えた」とはやしたてたのです。それをきっかけに他の子どもも訳がわからないのに付和雷同して騒ぎ、授業が進まなくなりました。

その話をママ友から聞いて、息子にその子を説得するように言い聞かせましたが、2日後に担任の先生は休職されてしまいました。もっと早く気づいていれば、クラスのママ友ネットワークが協力して改善できたかもしれないと、忸怩たる思いでした。でも、肝心のその子のお母さんは保護者会で「うちは無関係よ」という態度でした。

他には、新卒の女性教師になめてかかり、勉強が苦手な子どもたちが授業中にゴミ箱を蹴って廻ってみたり、騒ぎ立ててみたりと授業を妨害して学級崩壊になったケースも現実にあります。とくに、友人関係が希薄なクラスでは一度崩れ出すと授業が成り立たなくなってしまいます。

先生に意地悪をする子どもは周りの反応を見ながらやります。そのような時には頭ごなしに叱らないで、じっくりと1対1で話を聞くと、子どもの気持ちが落ち着く場合があります。先生は、ぜひ本人を呼んでしっかりと気持ちを聞いてあげてほしいです。たとえば、共働きの両親や先生の愛情を自分の方に向かせたいという注意獲得の防衛反応だったのかもしれません。

このような場合に、ママ友ネットワークや教員同士の連携が十分にできていない学校では、担任の先生は孤軍奮闘を強いられて厳しい状況になってしまいます。「あなたのクラスはあなたの責任よ」と、周りの先生が非協力的だと解決につながらないので、しっかりと教員同士でスクラムを組んで解決してほしいものです。

また、クラスの保護者が学校に対応を相談するときは、ＰＴＡ会長や役員に依頼して同行してもらうのもよいと思います。こうした課題解決に協力することもＰＴＡ役員のやるべき仕事ではないでしょうか。

トラブルが生じた時には、おうちの人は子ども本人だけではなく、周りの子どものたちや他の教員からも取材して客観的な状況の把握が大切です。大人たちが感情論でやり合ってしまうと、犠牲になるのは当事者の子どもです。

誰もが健全なクラスづくりを願っています。子どもにとって大切な一日一日です。子どもが集中して勉強ができるように、環境の整備と同時に健全な精神状態を保てるようにサポートしましょう。

スマートフォン、ＬＩＮＥをめぐるトラブル

今や、小学生の多くがスマートフォンを利用する時代になりました。ＧＰＳ機能付きなら、子どもの所在がすぐにわかるというメリットがあり、子どもの安全のために

持たせている家庭も多いことでしょう。

とくに高学年になると、「みんなスマホなのに、ぼくだけガラケーじゃ肩身が狭い」などと訴え、携帯電話からスマホに乗り換える子どもが多くなります。それに伴い、ＬＩＮＥをめぐるトラブルが急増しています。

内閣府が実施した「青少年のインターネット利用環境実態調査」（２０１５）によると、近年、小学生のスマホ利用率が急激に伸び、約４人に１人がスマートフォンを使用しているといいます。

ＬＩＮＥは、手軽にメッセージやスタンプのやりとりができるコミュニケーションツールとして、子どもたちに大人気です。友だちと楽しくチャットをするだけならいいのですが、一歩まちがえると、いじめのツールになってしまうのが怖いところです。場所や時間を選ばず、いつでもメッセージを送れるので、大人の目が届かないところでいじめが深刻化する場合があります。

教室内のいじめからＬＩＮＥいじめに移行し、「未読のまま」「既読無視」といったＬＩＮＥ上のトラブルから、現実的ないじめにつながる場合もあります。また、スマホ依存状態になり、昼夜逆転につながることもあるので、要注意です。

そこまでいかなくても、深夜まで友だちから次々にメッセージが届いて、子どもが寝られず困っているなどというトラブルがしばしば起こります。

こういうトラブルを防ぐために、携帯やスマホを持たせるときには、子どもとしっかり話し合って家庭のルールを決めましょう。

たとえば、「夜９時以降は使わない」「１日の利用は１時間以内にする」「食事中や勉強中はスマホを触らない」「何かトラブルがあったらすぐに親に報告する」などを約束させましょう。

こうすれば、深夜にメッセージが送られてきても、「うちでは、９時以降はスマホを使わないルールだから」と、子どもが自分で友だちに説明できます。

他には、自分や友だちの個人情報を載せないことや、送信する前に、今一度読み直すことも大切ですね。

スマートフォンや携帯の使い方について、保護者会で話し合う機会をもったり、研修会を開いたりすることが必要ではないでしょうか。

いじめに気づいたら

いじめが大きな社会問題となって久しいですが、いろいろなケースがあります。大勢で一人をいじめている時には、いじめられる側が自力で解決するのはなかなか厳しいです。その状況に気づいている子どもたちも、次は自分がターゲットにされるかもしれないという気持ちから傍観者になることを選んでしまいます。

全国でいじめを認知した小学校は62％で、件数は15万１１９０件（文部科学省「児童生徒の問題行動等生徒指導上の諸問題に関する調査」２０１５）です。

いじめの態様（複数回答）は、多い順に①冷やかしやからかい、悪口や脅し文句、イヤなことを言われる、②軽くぶつかられたり、遊ぶふりをして叩かれたり、蹴られたりする、③仲間はずれ、集団による無視等です。

いじめ発見のきっかけは「アンケート調査など学校の取り組により発見」51％、「本人からの訴え」17％、「学級担任が発見」12％という結果です。親の立場から考えると、「本人からの訴え」「学級担任が発見」が少ないのが気になります。

息子の転校先に付き添った二学期の始業式後のことです。私の目前で息子の自由研究の作品が、ある男児にバキッと折られてしまいましたが、見ていた担任の先生は注意しませんでした。転校生への挨拶だそうで、いじめは常態化していたようです。

次年度からPTA役員になったので学校に行く機会が増えました。休憩中に運動場にいるいじめっ子を見つけたので、「君がやられたらどう？　いじめられる子の気持ちになったことある？」と聞くと、「う〜ん？」と彼は首をかしげて考えるふりをしながら逃げていきました。あとで息子に聞いたら、「おまえのおかげで成績が一つ下がった」といわれたそうで、小学生でも成績に敏感な状況に唖然としました。

でも、六年生の担任の先生は「いじめをするな！」と両手を拡げて、いじめっ子たちの前に立ちふさがってかばうような先生でした。担任によりこれだけ対応が違うのです。

また、あるママ友は、二年生の息子へのいじめがつづいていたのに、担任の先生は「自分で解決させて」と何もしてくれなかったと嘆きます。

ついに、学童保育の祭りの時に、上級生が自分の息子の靴を取って遠くに投げる現場を目撃してキレてしまい、いじめっ子を呼びつけ怒鳴りつけたそうです。

そうしたら、いじめっ子は泣いてしまい、「あの母ちゃん怖い」とビビって二度とですね。

手を出してこなかったそうです。うまくタイミングが合えば、こういう解決法もいい

いじめっ子は家庭環境が原因でストレスを発散していることもありますが、「うちの子はいい子だ」と思っている親では気がつきません。体力のあるいじめっ子は、身体の弱い子や成績がいい子をターゲットにします。いじめられた側が勇気をふるって、「本当にイヤだ」と言うことが必要ですが、なかなか言いにくいものです。

いじめの原因は意地悪やねたみ、または欲求不満のはけ口、他人の手柄を自分のものにしたい時等で、いじめる側に問題があります。誰でもいいのです、自分より弱い人、おとなしい人、成績のいい人、ライバルになる人をターゲットにしてきます。

大体「中途半端な人」がコソコソといじめます。強い相手や肩書きの上の人には、二重人格並みにニコニコといい顔をしているので、なかなか気づきにくいのです。

私も大人になってから意地悪をされたことがあります、学生も被害を受けました。「何か落ち度があったかな」とふり返ってみましたが、思いあたらないので周りの人に話しました。すると、もっとひどい目に遭っている人がいることがわかりました。

本当に、いじめっ子の理不尽な行動は断じて許されるものではありません。きっと、そのいじめっ子は、私と学生たちの活動を羨ましく思っていたのでしょう。

そこで、私は先手を打ちました。いじめっ子に会うと、わざと明るく元気にこちらから大きな声で挨拶をするようにしました。すると、いじめっ子は目を合わさないように下を向いてコソコソと逃げていくようになりました。

みなさんの周りの誰かがイジメにあっているようでしたら、すぐに友だちや先生、おうちの人に話すように促してください。いじめる側が問題を抱えているので、おそらく他にも被害者がいます。

誰かに話せば、言いつけたとしてエスカレートしてもひるまないようにしましょう。いじめられることに甘んじていると、ますますエスカレートしてきます。被害を受けたら、「いじめっこのために、こちらが小さくなっていることはない！」「不登校やうつ病になるなんて真っ平だ！」と考えることが必要です。

いじめを受けた経験のない人は、被害を受けた人の気持ちを理解しにくいでしょうが、きちんと話を聞いて支えてあげてください。周りの大人たちがいじめの事実を知ったら、断固として阻止しなければなりません。

いじめを受けた人の自殺者が絶えないのは、周りが「大したことない、気にしないで」「私にはいい子だよ」「他のことで熱心だから許してあげて」などめっ子を増長させてしまうので、いつまでも改善されない、

害者は二次被害を受けて追い込まれ……てす。それはかりか、いじ
件に発展したら、後で「知らなかった」で……て、
さい。
「どうして、守れなかったのか」と、あとで後悔しない……被

先生に相談するとき

子どもに関して困ったり、気にかかることがあったり、ピンチに遭遇しているとき、担任の先生にどのように相談すればいいのでしょうか。

「ちゃんと、うちの子を見てくれていますか?」などと言うと、モンスターペアレントだと誤解されかねません。ふだんお世話になっていることに感謝しながら尋ねましょう。せっかく、子どものためにと思って先生と親が話し合っていたのに、互いに誤解が生じてしまい、先生から子どもが意地悪をされて怪我をし、不登校児になってしまった例があります。

私の経験をお話ししましょう。ある時、入学直後の次男の筆箱を開けてみて、ギョ

ッとしました。そこで私なりに思案して、担任の先生にこう切り出しました。

「うちの子、学校ではどんな様子でしょうか？」

「ええ、いい子ですよ。はきはきしていて」

「先生、実は全部の鉛筆をかじって、ボキッと折っているのです」

「えっ？　学校ではいい子にしているのですが……」と、先生は本当に驚いた様子でしたが、同時にハッと気がつかれたようです。私が事実だけを淡々と話したので、先生も冷静に受け止めて頂き、問題を共有できました。

　次男は四学年上の兄を見て、小学校は次々と面白いことを教えてくれると思って入学してきたのに、毎日毎日「あいうえお」の練習ばかりで退屈して環境不適応の状態になっていました。

　そこで、「読書マラソン」を提案しました。罫線を引いた紙を全員に配ってもらい、子どもたちが本を読んだら題名を記入し、先生にシールを貼ってもらう方法です。

　先生は「それなら簡単」と、すぐに実行に移してくれました。翌日、何も知らずにその用紙を持ち帰った次男に言いました。

「わーい！　よかったね。みんなで本を借りに行こう！　お父さん運転してね」

家族５人で区立図書館に出かけて２週間ごとに25冊借り、読書にいそしみました。次男はシールを次々にゲットできるし、友だちから「すごいな」とほめられるし……で、いつのまにか鉛筆かじりは完全に治ってしまいました。

このピンチがきっかけとなって速読の習慣がついて集中力も増し、時間が勝負の中学入試で成果を発揮しました。

次男曰く「長文を読み終えて設問を半分くらい解いた頃、他の人が長文を読み終えてページをめくる音がする」と。

少しの工夫で子どもが救われます、チャンスに変えるために発想転換しましょう。

ママ友ネットワークを大切に

次男が一年生のとき、一人っ子のママ友に「ウチの子は間違うくせに、いつも授業中に手を挙げるので、先生や友だちからバカにされている」と相談されました。

「手を挙げたらダメといわないでね。そのままでがんばれ！」というのが私からのエールでした。その後、クラスが変わってしまいましたが、六年後の卒業式の時、そのママ友が駆け寄ってきました。

「あなたの励ましのおかげで、六年生になったら児童会委員になり、全校集会でみんなを堂々と動かすような子どもに育ったわ」と感謝されました。

また、こんなこともありました。

いつもいじめられている側の子がついに耐えかねて、いじめっ子をひっかいて顔に傷をつけてしまったのです。いじめっ子のお母さんは怒り心頭となり、周りのお母さんに触れ回りました。

しかし、いじめられていた子のお母さんは良識のある人で、ふだんからママ友の信頼が厚かったので、いじめっ子のお母さん側に味方する人は誰もいませんでした。

このように、ふだんからママ友と信頼関係を築いておくと、トラブルが起こった時にも、いろいろな視点から客観的な意見をもらえますし、いざというときに助けてもらえます。また、親同士のトラブルも最小限に抑えられ、子どもの幸せも守れます。

子どもが帰宅して「けんかして先生に怒られた。でも、向こうから先に叩いてきた」と親に訴えた場合も、感情的にならずに冷静に考えてみましょう。

何しろ親は現場で目撃していませんし、先生には先生の言い分があるかもしれません。子どもは自分の窓口から状況を見ているだけですから、ママ友や子どもの友だちからも情報を集めましょう。私は４人以上の方に話を聞くように努力しています。複数の意見を参考にして検討すれば、おおむね適切な判断ができますし、わが子を客観的に見られるようになります。

そういう経験をいくつもしてきたので、私にとってママ友ネットワークはとても貴重な存在でした。今でもママ友に本当に感謝しています。

同年齢の子どもを持つママ友が連携して子育てをすることは、親ばかりでなく子どもにとっても大切なことです。

適度な距離を保ちながら、ぜひママ友ネットワークを大切にしていきましょう。

ＰＴＡ役員をやってみよう

近年は共働き家庭が増えており、ＰＴＡに加入しても役員になるのは断る人もいます。自分から手を挙げて役員が決まるクラスもありますし、状況はさまざまです。基本的には任意団体ですので、ＰＴＡに加入しないという選択肢もあります。

でも、役員になれば学校に行く機会が増えて、子どもの状況を観察できます。信頼できるママ友もつくれると前向きに考え、引き受けてみたらいかがでしょうか。

私は長男が五年生のときに、「３人も世話になっているのでしょ?」と役員に押し出されて、全校の広報委員長を務めました。

仕事はＢ５版32ページの広報誌を年２回発行することです。校長先生の言葉、異動された先生の紹介、クラス紹介、行事の報告などを盛り込み、学校行事のある時には校内で写真を撮り、１枚ずつトリミングして縮小率を指定して誌面に入れます。「こんなに丁寧な人は初めて」と印刷屋さんに驚かれました。前年までは印刷屋任せだったそうですが、「どうせやるなら」とばかりに勉強し、ズブの素人ながら編集にも挑戦しました。

翌年も続投し、百冊目の記念誌を発行しました。私は既刊誌を99冊並べて脚立の上から撮影し、カラー表紙にしました。おかげで、「この写真、見覚えがあるわ」と昔に退職された校長や先生方が表紙を見て懐かしがって、喜んでくださいました。

ＰＴＡ活動は、実践してみると意外におもしろく、おまけに能力開発もできました。

これらの経験が自信につながり、子育て後の最初の再就職先は出版社でした。この体験が、今でも著書を刊行し続けている原点となっています。

さらに、多忙な男性会長の代理で日本ＰＴＡ全国協議会広報委員に押され、当時の郵政省に「子どもに見せたくないテレビ番組」の調査結果を持って陳情に行ったり、全国小中学校ＰＴＡ広報誌コンクールの審査員を努めたりしました。ついには、アメリカ・カナダ日本ＰＴＡ研修旅行に参加する人がいないからと依頼され、行ってきました。

ところで、「もしトラブルに巻き込まれたら」と、ＰＴＡ役員に二の足を踏んでいる人がいらっしゃるのではないでしょうか。

実は、仲違いしてトラブル勃発中のママ友の双方から相談を受けたことがあります。話を聞くと双方に誤解があることがわかり、直接話し合ってもらったら、すんなりと解決しました。

こういう調整役もどこかにいますから、ＰＴＡ役員になるのはマイナスばかりではありません、ぜひＰＴＡ役員にもトライされたらいかがでしょうか。

放課後の居場所づくり

子どもが学校から帰った時に、おうちの人が不在の時もあります。その時は、夕方まで外で近所の子どもたち同士で遊んでいるのかというと、そうでもないようです。四年生のお母さんが、「放課後に子どもが集まっても、それぞれが無言のまま別々に携帯型ゲーム機に熱中して、友だち同士で目を合わせて会話をしているわけでもなく、同じ空間を共有しているだけだ」と話してくれました。

共働き家庭の場合については、日経ＢＰ社が日経ＤＵＡＬ読者を対象に「放課後から親の帰宅までの間、子どもはどこで過ごしているか？」と尋ねたところ、回答した３３７人（複数回答）は多い順に、「公設の学童」「習い事」「子どもだけで自宅で留守番」と回答しています。４位の「民間学童」と１位の「公設の学童」を合わせると９割に上ります。

２位の「習い事」は週２日が１番多く、つづいて週３日です。３位の「子どもだけで自宅で留守番」の頻度は週３日以上が半分以上です。週１～２日を合わせると88％です。その場合に、「子どもの体調が悪くなった」「鍵のトラブル」「友人とのトラブル」「不審者の影」「火事になりかけた」等、親側がヒヤリとした経験が多数寄せられました（日本経済新聞２０１７・４・11）。

可能であれば、学童や土曜教室、児童館等に登録して子どもの居場所を確保しましょう。スポーツ教室やお稽古事もいいでしょう。子どもが施設に出かけたときには、職員や見守りの人の注意もよく聞いて、ルールを守りながら行動することを必ず約束させて下さい。

また、公立図書館や地域センター、生涯学習センター等の社会教育施設を大いに活用して、おうちの人との待ち合わせに使うのもいいかもしれません。

ただし、公共施設は不特定多数のさまざまな人が出入りしますので、「一人にならない」「知らない人に誘われても話しかけられても、ついていかない」と約束しておいて下さい。そして、何か困ったら遠慮せずに傍にいる職員に話すことを約束させて下さい。

私は、二つの区立社会教育施設で社会教育指導員として勤務したことがあります。平日の午後3時を過ぎると、近隣の小中学校の子どもたちが学校帰りに友だちと一緒に立ち寄ります。ロビーの机でおやつを食べながら宿題をしたり、おしゃべりをしたりしながら親の帰りを待っている子どもが何人もいます。そこは、まさしく子どもたちの貴重な居場所で、おうちの人から見れば安心・安全の場所のようでした。

ロビーには子どもたちが遠慮しなくていいように青少年コーナーをつくりました。掲示板を張り替えたり、イベントを企画したりと、私にとっては楽しい職場でした。

９月のある時、所属団体の活動紹介に使っていた掲示板に1カ月の空白が生じてしまいました。「そうだ！」と思いついて、私は「お月見の夕べ」を企画しました。黒い模造紙を貼った６ｍ×２ｍの大掲示板に、金色の千代紙で直径30㎝の満月を切り抜いて貼り、そこに小さなスポットライトを当てたら、月が映えてとてもステキでした。

当日は「月」にちなんだ合唱や朗族、紙芝居を次々繰り出して、先に募集しておいた俳句のコンクールの結果発表・表彰式を行いました。そして、買ってきた旬のサツマイモを1箱分、蒸かして参加者全員にふるまいました。

予算なしで、急ごしらえのイベントでしたが、90人以上の親子でロビーは超満員で大いに盛り上がりました。お母さんたちから「今どきは家庭で年中行事をやらないですね、今日は本当にうれしかったです」と感謝されました。

お金をかけなくても、工夫次第で子どもや親の居場所づくりができるものですね。

誰も置き去りにしない教育

授業参観に行くと、授業中なのに歩き回ったり、自分の親に話かけたり、窓のカーテンにつかまってぶらーん、ぶらーんと揺らしたりして楽しんでいる子どもがいます。

こうした特性、たとえば発達障害等を抱えた子どもも一緒に教室で学んでいます。先生や周りの子どもたちは慣れているのか、そのまま授業が進んでいきます。

発達障害は「自閉症、アスペルガー症候群その他の広汎性発達障害、学習障害、注意欠陥多動性障害その他これに類する脳機能の障害であってその症状が通常低年齢において発現するもの」と定義されています（発達障害者支援法２００４）。

具体的には、知的な遅れは見られないが読み書き計算がとても困難な学習障害（ＬＤ）、不注意や多動性、衝動性等がある注意欠陥・多動性障害（ＡＤＨＤ）、対人関係やコミュニケーション、想像力に障害があり、限定された物事へのこだわりを示す高機能自閉症・アスペルガー症候群（ＡＳ）などが挙げられます。これは、子どもの発達の偏りで、何らかの脳機能の障害と考えられています。

このようなケースでは、子どもがわがままで努力をしないからとか、家庭でのしつけや育て方が悪かったからとか、先生の指導が不足しているからとか言って攻撃しても問題の解決にはなりません、より事態を深刻にしてしまいます。

全国の通常学級に通う小学生について、学級担任が「知的発達に遅れはないものの学習面または行動面で著しい困難を示す児童」と回答した割合は、調査対象３万５８９２人のうち７・７％です。ちなみに中学生１万７９９０人のうちでは４・０％です。そして、学年別の割合を見ると、小中学校ともに学年が進むにつれて割合が低くなっています。（「通常の学級に在籍する発達障害の可能性のある特別な教育的支援を必要とする児童生徒に関する調査結果について」２０１２　文部科学省）。

ここでいう学習面とは「聞く、話す、読む、書く、計算する、推論する」、行動面とは「不注意、多動性―衝動性」を指しています。

もし、発達障害と診断された場合は、進路先は「通常学級」「特別支援学級」「特別支援学校」の３つの選択肢から選ぶことになります。通常学級の教室と別に校舎内に特別支援の教室を併置している学校も多くなっています。

発達障害者支援法（最終改正２０１６）が施行されて、支援が必要な子どもが学びやすくなっていますので、基本的人権を守りながら、誰もが置き去りにされない教育がもっと推進されていくとよいと思います。

では、支援が必要な子どもに対して、家族や先生、友人たちがどのように向かい合えばいいのでしょうか。

まず、「あなたは大切な存在」だと心をこめて伝えましょう。そして、気をつけることは、本人に「わかりやすい言葉で話す」「用件を紙に書いて貼る」「特性を判断して、本人に合う一人ずつ学習計画をつくる」「授業などに参加しやすい雰囲気をつくる」などです。

周りの人からみれば、「本当に困った子だね。こんな簡単なことがわからないの？」と、ついつい思ってしまう瞬間には、子ども本人は「本当に困っている状態」にあることを理解して下さい。

相談先には、保健センター、子育て支援センター、児童発達支援事業所、発達障害者支援センター等がありますので、遠慮せずに相談しましょう。

教室においても、支援が必要な子どもを区別してバカにしないで、それぞれの特性に合った対処法を考えて実行していくことが必要です。そのために、先生は「全体を眺めながら個人を見て、個人を見ながら全体を眺めて動かしていく」ように、「一人ずつの顔の見える教育」を行うことが大切です。

家庭と学校が協力し合って要支援の子どもに寄り添い、工夫して支援していけば、低学年で発達障害を抱えていても、学年が進むにつれて「生きる力」を身に付けて自立していくことができます。

地域社会においても、コミュニティ・スクールや学童保育、土曜教室、その他の社会教育施策の中でも、あたたかくみんなで見守っていくことが求められます。

支援が必要な子どもを一人も置き去りにしないで教育を進めることは容易ではありませんが、一人一人の「基本的人権」「人間尊重」を守りながら、勇気を持って継続していくことが重要です。

卒業して社会に出た時には、さまざまな考えを持っている異業種・異年齢の人々の中で生活していくことになりますので、小学校時代にさまざまな特性を持つ友人たちとともに学ぶ経験は貴重ですし、誰も置き去りにしない教育のあり方としても重要です。学校や家庭、地域のみんなで力を合わせましょう。

一人でかかえ込まないで

子どもが学校生活を送っている間に、ヒヤリとしたり、ハッとしたり、または事件事故に巻き込まれたりして、自力で解決できないことがたくさんあります。

近年は、学校や家庭での問題が多様化・複雑化しています。できれば初期の段階で気がついて深刻になる前に具体的な対応策をとること、つまり「早期発見・早期対応」を行うことが大切です。

困りごとや悩みごとが出てきた時には、子どもが一人でかかえ込まないで、近くの大人に相談するように促して下さい。

また、子どもの様子を見ていて家族が気づいたり、子どもから相談を受けたりした時は、大人側も一人でかかえ込まないで信頼のおける友人やママ友、ＰＴＡ役員、学校の先生に相談しましょう。都道府県や区市町等の公共施設における相談・支援窓口も守秘義務を守りますので、利用されるとよいと思います。もし、相談先がわからないときには、まずは市役所の子ども家庭課育成支援係などの担当部署に聞いてみるといいですね。

具体的には、子育て全般に関する相談は教育センター教育相談室、子ども家庭支援センター、子ども総合センター、こころの電話相談室、ひきこもりサポートネット、保健センターなどがあり、電話相談と来所相談の両方があります。また、ひとり親家庭の生活上の相談、こころの悩み相談、経済的サポートの相談等もできます。

万が一、事故・事件が起こってしまったら、消防署や警察等にいち早く連絡をして専門家の指示を仰ぎながら初期活動を行って下さい。

最近は、近所の顔見知りの人がからんだ事件も発生していますので、細心の注意が必要です。

児童虐待の防止等に関しては、身体的・心理的虐待とネグレクト、性的虐待があります。保護者側に問題を抱えた場合の養護相談、発達支援に関する障害相談、非行相談、育成相談もありますので、絶対に諦めないでください。

一般的に、支援が必要な子どもの状況を探っていくと、早い段階からきざしがあることがわかります。おうちの人ばかりでなく、支援団体のように具体的なフォローをする人等の多方面から連携して支援することが必要です。

また、生活上で厳しい状況になった場合は市役所の生活支援相談窓口や社会福祉事務所などに相談して、自治体やボランティア団体が実施している学習支援事業を活用して下さい。一般市民や元教員たちが公共施設や家庭訪問で勉強を無償で教えたり、居場所のない子どもの相談にのったりしています。

学ぶ意思のある子どもが教育の機会を断念することのないように努力しましょう。どうぞ、一人でかかえ込まないで、周りも巻き込んで知恵をもらって解決しましょう。

第5章　自立に向けて

学校・家庭・地域の連携

近年は社会構造がますます複雑化・多様化し、子どもを取り巻く環境も変化して、さまざまな課題を抱えています。学校関係者によると、児童生徒3人のうち2人の家庭に支援が必要といわれます。学校教育には家庭との連携が求められていますが、近年は地域社会の協力が必要不可欠になっています。

こうした状況を踏まえて、2008年には学校支援地域本部事業が始まり、私は県の運営協議会委員長（2008~2010）として事業報告会や地域コーディネーター研修会等を担当しました。2011年度からは委託事業から補助事業に変更され、2015年の中教審答申を受けて2016年から「地域学校協働本部」に名称が変わりました。

２０１７年の社会教育法一部改正においても、地域住民等と学校との連携協力体制が強調されています。地域全体で子どもたちの成長を支えるために、コミュニティ・スクール（学校運営協議会制度）や地域学校協働活動などの施策が全国的に展開されています。

地域により呼称はさまざまですが、いずれも地域住民や保護者、教員等が参画する運営協議会を設置し、開かれた学校づくり（地域とともにある学校づくり）を進めています。

具体的には、市民が学校の要請に応じて教員の補助役をボランティアで担い、地域ぐるみで学校教育を支えます。おもな支援の内容は、授業の援助、読み聞かせ、花壇の整備、登下校の見守りです。

子どもたちへの効果は「コミュニケーション能力の向上につながった」89％、「地域への理解・関心が深まった」90％、学校への効果は「教員が授業や生徒指導などにより力を注ぐことができた」70％、地域への効果は「地域の教育力が向上し、地域の活性化につながった」70％、「地域住民の生きがいづくりや自己実現につながった」74％（平成27年度「地域学校協働活動の実施状況アンケート調査」文部科学省国立教育政策研究所）という結果が得られました。まさしく循環型教育の成果ですね。

コミュニティ・スクールや地域学校協働活動は、今後、ＥＳＤ（持続可能な開発のための教育）を進めるユネスコスクール（ＥＳＤ拠点校）などとも構造的・有機的に連携することが重要だと思います。

おうちの人は地域住民としても、子どもたちの幸せを願って地域ぐるみで学校づくりに参画しましょう。その努力が子どもの「生きる力」を育てるのですから。

「持続可能な社会」の担い手に——世界で通用する人材へ

今や世界の情勢がめまぐるしく変化して、環境、平和、教育、貧困、人権等に関わる問題が山積しています。

教育においては、２００２年の「持続可能な開発に関する首脳会議（ヨハネスブルグ・サミット）」において、日本政府の提案が各国や国際機関から賛同が得られました。それを受けて国連総会にも日本が提案し、２００５〜２０１４年の10年間を「国連持続可能な開発のための教育の10年（国連ＥＳＤの10年）」とすることが満場一致で決議され、最終年の２０１４年には、日本国内で「持続可能な開発のための教育（ＥＳＤ）に関するユネスコ世界会議」が開催されました。

２０１５年からは持続可能な開発に向けた進展を加速するために後継プログラム「ＥＳＤに関するグローバル・アクション・プログラム」（ＧＡＰ）が国連総会（２０１４）で採択されました。

現在は、「国連の持続可能な開発サミット」において全会一致で採択された17の目標からなる「持続可能な開発目標」（ＳＤＧｓ：Sustainable Development Goals）の取り組みが推進されています（図1）。

わが国の取り組みとしては、２００８年に小中学校の学習指導要領、２００９年に高校学習指導要領に「持続可能な社会の構築」の視点が盛り込まれ、政府や学校、ＮＧＯ／ＮＰＯ、企業等が主体的にＥＳＤの活動に取り組んでいます。小中学校や高校・大学等のＥＳＤ拠点校をユネスコスクールと呼んでいます。もちろん、２０１７年3月公示の新学習指導要領にも盛り込まれています。

ここで求められる人材は、地球的視野で考え、さまざまな課題を自らの問題として捉え、身近なところから取り組む（Think globally, Act locally）、持続可能な社会の担い手です。

ＥＳＤで育みたい能力は、「持続可能な開発に関する価値観（人間の尊重、多様性の尊重、非排他性、機会均等、環境の尊重等）」「体系的な思考力（問題や現象の背景の理解、多面的かつ総合的なものの見方）」「代替案の思考力（批判力）、データや情報の分析力、コミュニケーション能力、リーダーシップの向上」（日本ユネスコ国内委員会２００８）等です。

持続可能な社会の担い手を育てるために、私は一九九〇年から民間ユネスコ活動を開始して学生ユネスコクラブを育成し、新宿ユネスコ協会を創設しました。

最初に勤務した短期大学では、地元のユネスコ協会と連携して日本ユネスコ運動全国大会やブロック研究会でクラブ員が活躍しました。大学祭には全権大使や海外からゲストを招聘し、シンポジウム「アジア太平洋における発展　日本とパプアニューギニアの関係と役割」「白夜のロシアと世界遺産」や、市民向け「ＵＮＥＳＣＯ世界の料理―食文化で韓国を知る」等を主催しました。こうした活動がきっかけとなって地元ユネスコ協会に青年部ができました。

宇都宮大学では、国際学部受託「国立釜慶大学とのユネスコ学生交流プログラム」で英語討論会、日光東照宮や足尾銅山の見学、着物の着付け、日本の遊び体験等、全日程をユネスコクラブが全面的にお世話をし、私も「ユネスコの誕生と世界遺産」やシンポジウム「世界遺産の現在と未来—日光と慶州—」で講師を務めました。

三重大学では、２００９年に県・ＩＣＯＭＯＳが主催した「世界遺産登録５周年事業［熊野古道国際会議］」（尾鷲・伊勢）とプレミーティング（熊野・尾鷲）への協力を契機に、翌年から「熊野古道に行こう！」のツアーをユネスコクラブが毎年主催しました。さらに、ラオス・スタディツアーは学生が直接交渉して準備し、国際交流・支援の実績を後輩につなげました。また、私が企画立案したＷＥＦ（World Education Fellowship １９２１創設）国際教育フォーラム全国大会の学会運営を一緒に手伝ってくれました。

この間、学生たちが自分たちで考え、判断して決めて、実行していくさまは実に鮮やかなものでした。こうして大学生になって発揮される実力は、ほとんどが小学校時代に身につけた基礎・基本の上に積み重ねられたものです。大学生の段階で、能力発揮のチャンスを与えられ、刺激のシャワーを浴びる機会に出会えば、それが見事に花開き、さらにレベルの高い能力を身につけていくことができるのです。教員として、その様子を目の当たりにして、深い感動をおぼえずにはいられませんでした。

二〇一三年創設の新宿ユネスコ協会では、防災・減災講座「どうする?!地震が来たら」を企画し、学生たちと毎年一緒に東日本大震災地を訪問して、野々島・菜の花畑再生プロジェクトで畑の草取りボランティアをしたり、救急看護の実習をしました。学生たちは、実際に被災地でボランティアをすることで当事者意識を持つことができ、それが次の行動につながっていると言います。

大学生ばかりではありません。児童生徒が学校外で自主的に行ったボランティア活動を推奨・顕彰する「ＥＳＤパスポート事業」も主催しています。子どもたちはボランティア体験を通じて工夫することを覚え、責任感を持つようになり、他者の苦労を理解できるようになります。また、相手や周りの人のことにも気が配れるようになり、「思いやり」の気持ちも深まっていきます。つまり、ボランティア体験が、児童・生徒の能力開発の機会になるのです。

もし、子どもがボランティアをしたいといった時は、大人の方が「必要ないよ」「大人がやった方が早いよ」などと言って、子どもの意欲をそいでしまわないようにしましょう。もし、失敗しても、「もっといい方法はないか」「こうしたらどうか」と子どもに考えさせるチャンスを与える心の余裕を持ちたいものです。そして、「本当に助かった、ありがとう」と子どもの心意気に感謝しましょう。

また、文化庁芸術振興費補助対象６回連続講座「親子で楽しむ伝統文化茶道教室」では、茶道の作法と「おもてなし」の心を学び、最終回に公開お茶会を開催します。

図１．2030年に向けて世界が合意した「持続可能な開発目標（SDGs）」

主催者側として印象的だったことは、「持続性がない、忍耐力がない」と一般的に言われている近頃の小学一、二年生が、２時間も休憩なしで帛紗さばきや点前の練習を継続できたことです。公開お茶会でも堂々と、１００人の市民にお茶を点ててふるまいました。それは、身近な親との励まし合いや楽しい会話があるからこそ、子どもの集中力や忍耐力が途切れなかったのだと実感しました。つまり、親のあたたかい声かけが子どもの能力開発をあと押ししているのですね。

今後も社会構造の変動や少子高齢社会の進展に伴い、日本の教育現場はもっと厳しい状況におかれることでしょう。海外に行くと「教育は国を興す力」だと実感し、今や日本の教育力こそが問われていると痛感します。日本の教育を元気にして、世界で通用する人材を育成していかなければなりません。

大人も子どもたちと一緒に学校・家庭・地域で連携

しながら、"Think Globally Act Locally"の視点を持ちながら日々の実践をしていきましょう！

たゆまぬ実践こそが、世界の何処にでも通用する「持続可能な社会」の担い手を育てることになるのですから。

自立に向けて

長年、大学でキャリア教育・生涯教育、キャリアカウンセリングに携わっていますが、ふだんから心がけているのは、担当するさまざまな科目を、広い意味で「生き方を考える科目」と捉え、学生に「考えさせる授業」を提供することです。

学生には、講義を聞きながら、自ら考え、整理し、行動に結びつけていく習慣をつけるようにと説いています。その目的は、ただ単に授業を聞くだけの受け身の姿勢から、「自分ならどうする？」と自己に問いかけ、自ら状況判断をして行動に移していく、主体的・能動的な態度の育成です。

講義の終わりには毎回コメントを提出してもらいます。講義に関する感想でも、反論でも同調でも何でもよいと伝えます。最初は数行でも、ひと月を過ぎるころには用紙の裏側までびっしりと書く学生が増えてきます。それを次の講義で何枚かとりあげて紹介します。すると、読まれた側の学生は教室内の反応を客観的に観察する機会にもなり、他の学生からは読み上げたコメントに対する意見が提出されることもあります。それは討論の教材となり、集団カウンセリングの態をなしてきます。同じ講義を受けているはずなのに、各人がそれぞれ違うことを感じ、考えていることをわかってもらいたいのです。将来、職場や地域社会で出会うのは自分と異なる意見の方が多いですし、自分とは異なる意見に耳を傾ける習慣をぜひ身につけてもらいたいです。でも、中にはコメント欄が真っ白な学生もいます。話の内容を聞き流したり、考えることをやめてしまうと「何も書くことがない」という状況になります。逆にいえば、何かを考えたり、意識するからコメントしたくなるわけです。コメントすることで自分の考えが可視化され、そのことが自己教育力や自己肯定感を高め、実際に行動に移すことへとつながっていくと考えています。

キャリア教育の科目では、授業時間に全員に1分間のスピーチをしてもらい、互いに講評しあいます。他人のスピーチというのは、最初の15秒間を聞けば、話をもっと聞きたいか否かを判別できるといいます。こうした体験をすると、それが実感できますから、たとえば入社試験の面接での1分、1秒がいかに大事か、納得できるでしょう。何事も、体験すると理解しやすいですし、納得すれば他のことに応用することもできます。

また、他の科目でも、企画から運営、挨拶、ワークショップの司会・進行、報告書作成までを受講生がすべて行うような主体的・能動的な授業を展開しています。いわゆるアクティブ・ラーニングですが、この学び方は学生が自分自身で成長できたことを確認できて、とても効果的です。その成果は、やがてそれぞれの「生きる力」につながっていくと信じています。

さて、小学校六年間は「自立」に向かって歩み始め、人としてのアイデンティティの基礎をつくる大切な時期です。周りから見れば、まだまだ子どもで、頼りないと感じるかもしれませんが、子どもは大人が考えている以上にさまざまなことを観察し、感じ取っています。さまざまな情報を提供してあげることが必要ですし、たくさんの刺激のシャワーを浴びられるように、いろいろなところに連れ出すことも大切です。

そうした機会には、大人の価値観で判断したり、強要したりせずに、子ども自身が考えて判断し、行動に移していくことを応援してあげてください。たとえば、質問をするにしても、「はい」「いいえ」で答えられるものでなく、自分で考えることを促すような「開かれた質問」を心がけたいですね。

小学校時代に体験する、勉強や遊び、読書、宿題、友だちや先生との交流、中学受験等々、すべての体験は、子どもが「自立」していくための豊かな栄養分になります。ぜひ、子どもが興味をもったことを、粘り強く最後までやりきることができるように、応援してあげてください。

子どもにとって身近な大人たちのあたたかい声かけにまさる力強い応援はほかにはありません。さまざまな機会をつかまえて、受け身の姿勢ではなく、自分の足で歩くことを応援してあげてほしいと思います。そうした積み重ねが、これからの長い人生において、それぞれの節目で何をどうするか選択し、決断することを繰り返し、さまざまな挫折や困難に会いながらも、本物の実力を身につけていくための、しっかりとした土台を築くことにつながるでしょう。

今こそ、子どもが「自立」した人生を歩むために、心からエールを送りましょう。

府・文科省・厚労省・経産省)、公益社団法人日本ユネスコ協会連盟評議員、一般社団法人日本産業カウンセラー協会東京支部社会貢献事業部研究員

社会貢献活動歴

視覚障害者向け朗読ボランティア団体代表（創設)、新宿区男女共同参画推進センター運営会議代表、新宿区しんじゅく女性団体会議委員長、新宿区消費団体連絡会運営委員、新宿ユネスコ協会会長（創設)、高齢社会をよくする女性の会理事、国家ビジョン研究会教育問題分科会委員

著書

『カーニバルがやってきた』共著（株）理工図書1995
『新宿　女たちの十字路』共著（株）ドメス社1997
『21世紀のキャリア開発』共著（株）文化書房博文社1999
『キャリア教育読本　進路指導教員研修用教職研修特集―生きる力をはぐくむ新しい進路指導№１４２』執筆分担（株）教育開発研究所2000
『21世紀の生涯学習―生涯発達自立―』（株）理工図書2001
『教育時事ビギナーズ』執筆分担（株）一ツ橋書店2005
『若者のためのキャリアプランニング―すばらしい未来を拓くために―』一般社団法人雇用問題研究会2006
『キャリア教育―理論と実践・評価―』一般社団法人雇用問題研究会2007
『健康教育への招待－生涯の健康を支えあう家庭・学校・地域－』共著（株）東洋館出版国立教育政策研究所編2008
『キャリア形成・能力開発―「生きる力」をはぐくむために―』（株）文化書房博文社2008
『バリバリと働きたい人のためのキャリアプランニング』一般社団法人雇用問題研究会2009
『キャリア教育のリーダーのための図説キャリア教育』共著 一般社団法人雇用問題研究会2010
『キャリア開発をめざす若人のための実習日誌』一般社団法人雇用問題研究会2010
『社会教育・生涯学習－学校と家庭、地域をつなぐために』（株）文化書房博文社2011
『改訂版　若者のためのキャリアプランニング―すばらしい未来を拓くために―』一般社団法人雇用問題研究会2013
『循環型教育―学校・家庭・地域社会にイノベーションを』（株）文化書房博文社2015
他論文多数。

著者紹介

宮崎（みやざき）　冴子（さえこ）

現職

一般社団法人社会貢献推進国際機構キャリア開発研究所所長、千葉経済大学非常勤講師

略歴

高校教諭、区教育委員会社会教育課、東京経営短期大学教授・生涯学習センター長（創設）、国立大学法人宇都宮大学教授・キャリア教育センター長（創設）・キャリアカウンセラー、国立大学法人三重大学共通教育センター・社会連携研究センター特任教授を経て現職

資格

博士（学術）、国家資格キャリアコンサルタント、社会教育主事（国家資格）、産業カウンセラー、幼小中高校教諭

委員歴

日本ＰＴＡ全国協議会広報委員・全国小中学校広報紙コンクール審査員、千
県生涯学習フェスティバル実行委員会委員、千葉県ライフカレッジ運営委
会委員、独立行政法人雇用・能力開発機構人材育成栃木県協議会委員、栃
若年者雇用促進事業「職業意識啓発セミナー」専任講師、栃木県キャリ
育実践協議会委員、栃木県インターンシップ推進協議会委員、栃木県宇
青少年自立支援対策検討専門委員会委員長、栃木県中学校進路指導部
三重県学校支援地域本部事業運営協議会委員長、三重キャリア研究
（創設）、三重県鈴鹿市教育委員会教育振興基本計画検討委員会副座
県鈴鹿市教育委員会有識者評価委員、三重県放課後子どもプラン支
、社会福祉法人新宿区社会福祉協議会福祉相談員、新宿区男女共
審議会委員、新宿区次世代育成委員会委員、国立教育政策研究所
育研究会」研究員、文部科学省社会教育アドバイザー、文部科
校支援連携アドバイザー、若者雇用戦略推進協議会委員（内閣

子どもが勉強好きになる！
「見えにくい学力」から伸ばす小学生育て

平成30年３月１日　初版第１刷発行

著　者　宮崎　冴子

発行人　加藤　勝博
発行所　株式会社ジアース教育新社
〒101-0054
東京都千代田区神田錦町1-23
宗保第２ビル５階
電話　03-5282-7183　FAX 03-

印　刷　慶昌堂印刷株式会社

ISBN978-4-86371-452-6
Printed in Japan

○定価はカバーに表示し
り替えします。